Hans-Werner Zöllner

Verheißungen der Bibel

Motivierende Impulse für jeden Tag

AF188587

Hans-Werner Zöllner

Verheißungen
der
Bibel

Motivierende Impulse für jeden Tag

Bibliografische Information der Deutschen Nationalbibliothek
Die Deutsche Nationalbibliothek verzeichnet diese Publikation in der Deutschen Nationalbibliografie; detaillierte bibliografische Daten sind im Internet über http://dnb.dnb.de abrufbar

© 2017 Hans-Werner Zöllner

Herstellung und Verlag
BoD - Books on Demand, Norderstedt

ISBN: 978-3-7448-4879-4

Dem liebevollsten Vater,
den ich je kennengelernt habe,
und von dem geschrieben steht:

Gott ist nicht ein Mensch, dass er lüge, noch ein Menschenkind, dass ihn etwas gereue. Sollte er etwas sagen und nicht tun? Sollte er etwas reden und nicht halten?

(4. Mose 23,19)

Er hat sich selbst dafür verbürgt:

Ich will wachen über meinem Wort, dass ich's tue.

(Jeremia 1,12)

Inhalt / Themen

Einleitung

„Es kann keiner zu Gottes Wegen Ja sagen, der zu seinen Verheißungen und Geboten Nein sagt."[1]

„Und der HERR sprach zu mir: Du hast recht gesehen; denn ich will wachen über meinem Wort, dass ich's tue."

(Jeremia 1,12)

In der deutschen Umgangssprache wird „Verheißung" in heutiger Zeit so gut wie nicht mehr verwendet. Wenn überhaupt, dann häufig im religiös-kirchlichen Kontext. Laut etymologischem Wörterbuch[2] ist dieses Wort erst seit dem 15. Jahrhundert belegt. Heutzutage wird in der deutschen Sprache nichts „verheißen", sondern wir geben ein Versprechen oder kündigen etwas an. Damit verwenden wir allerdings nur andere Worte für das, was die ursprüngliche Bedeutung des Wortes „Verheißung" war: „Ernsthafte, feierliche Ankündigung von etwas Bedeutsamem"[3].

Und damit wären wir schon beim Kern der Sache. Für mich sind biblische Verheißungen genau das: „Ernsthafte, feierliche Ankündigungen von etwas Bedeutsamem". Und dazu sagt die Bibel:

„Denn auf alle Gottesverheißungen ist in ihm (Jesus) *das Ja; darum sprechen wir auch durch ihn das Amen, Gott zum Lobe."* (2. Korinther 1,20)

„Was Gott verheißt, das kann er auch tun." (Römer 4,21)

„Ich will wachen über meinem Wort, dass ich's tue."

(Jeremia 1,12)

In diesen drei Sätzen aus der Bibel findet sich sowohl das Ernsthafte als auch das Feierliche, wenn es um Versprechen Gottes im Allgemeinen geht. Wenn ich sie auf mich wirken lasse, komme ich fast in eine Stimmung, wie sie bei Kindern herrscht, in der Zeit vor Weihnachten.

---

[1] Dietrich Bonhoeffer in: Illegale Theologenausbildung: Sammelvikariate 1937-1940, DBW Band 15, S. 18.

[2] Pfeifer, Wolfgang: Etymologisches Wörterbuch des Deutschen, Deutscher Taschenbuch Verlag, München ²1993.

[3] Siehe: https://de.wiktionary.org/wiki/Verheißung.

Sie wissen, dass sie am 24. Dezember etwas geschenkt bekommen werden, und darauf freuen sie sich riesig. Und das nicht ohne Grund, denn sie wissen auch, dass sie ihre Geschenke ganz sicher bekommen werden, weil ihre Eltern es ihnen versprochen haben. Und die Versprechen ihrer Eltern sind über jeden Zweifel erhaben.

Dietrich Bonhoeffer schrieb einmal: *„Nicht alle unsere Wünsche, aber alle seine Verheißungen erfüllt Gott"*[4]. Damit ist auch unser Gott über jeden Zweifel erhaben. Er wird erfüllen, was er versprochen hat. Und weil in Jesus Christus über allen Gottesverheißungen das große JA Gottes steht, dürfen wir als seine Töchter und Söhne diese auch in vollem Umfang für uns in Anspruch nehmen.

Wenn Sie also auf den folgenden Seiten Verheißungen finden, die aus dem Alten Testament der Bibel stammen, steht über diesen genauso das JA Gottes wie über den Verheißungen des Neuen Testaments. Und darum lesen Sie diese Verheißungen bitte nicht nur, sondern nehmen Sie diese ganz persönlich für sich in Anspruch, sprechen Sie diese über Ihren persönlichen Anliegen im Gebet aus und erwarten, dass sie in Ihrem Leben in Erfüllung gehen.

Schauen Sie dabei nicht auf sich selbst und auf Ihr Leben, denn Sie haben die Verheißungen weder gegeben noch sind Sie für deren Erfüllung verantwortlich. Jesus Christus hat am Kreuz auf Golgatha den Preis dafür bezahlt, dass wir nun als *„Botschafter an Christi statt"* (2. Korinther 5,20) in den Verheißungen Gottes leben können.

Deshalb möchte ich Sie ermutigen, sich an jedem der kommenden Tage für ein Thema aus diesem Buch Zeit zu nehmen. Sie können dazu gerne mit den Themen Ihrer Wahl beginnen, die Sie im Inhaltsverzeichnis finden. Machen Sie sich dann die Situation, Problematik oder Fragen bewusst, die Sie dazu veranlasst haben, sich mit dem jeweiligen Thema zu befassen. Danach lesen Sie ganz langsam die Bibelstellen - wenn möglich laut, die zu „Ihrem" Thema gehören und meditieren darüber. Wie Sie über Bibelstellen meditieren können, finden Sie im letzten Kapitel dieses Buches. Und schließlich sprechen Sie mit Gott darüber, was Ihnen diese Bibelworte für Ihre Situation zu sagen haben.

---

[4] Aus: Widerstand und Ergebung, DBW Band 8, Seite 569.

Dabei können Sie die eine oder andere Verheißung in Ihrem Gebet auch zitieren und zu Gott sagen: „Lieber Vater, ich erinnere dich an dein Versprechen..." Dies tun Sie auf der Basis von Jesaja 43,26, wo Gott zu seinen Kindern sagt:

> „Erinnere mich, lass uns miteinander rechten! Bringe deine Gründe vor, damit du Recht bekommst!"

Und beten weiter: „Du hast gesagt: »... (Verheißung zitieren) ...«. Auf der Grundlage dieser Verheißung bitte ich dich, Folgendes zu tun: ..., in Jesu Namen, Amen".

Aus eigener Erfahrung möchte ich Sie jedoch darauf hinweisen, dass die Erhörung Ihrer Gebete manchmal etwas anders aussehen kann, als Sie es möglicherweise erwarten. Der Theologe Karl Rahner hat dazu einmal folgendes gesagt: *„Zum Bittgebet gehört beides: die Gewissheit der Erhörung und der restlose Verzicht, nach eigenem Plan erhört zu werden".*

Dennoch möchte ich Ihnen auch dies aus meiner Erfahrung sagen, dass Gott absolut vertrauenswürdig ist und niemals lügt. Deshalb können Sie sich darauf verlassen, dass Gebete, die sich auf seine Verheißungen gründen, auch erhört werden, denn

> „Gott ist nicht ein Mensch, dass er lüge, noch ein Menschenkind, dass ihn etwas gereue. Sollte er etwas sagen und nicht tun? Sollte er etwas reden und nicht halten?"
>
> (4. Mose 23,19)

Gott segne und beschenke Sie mit seinen Verheißungen.

Ihr Hans-Werner Zöllner

Gott wird seine Verheißungen erfüllen

Gott ist nicht ein Mensch, dass er lüge, noch ein Menschenkind, dass ihn etwas gereue. Sollte er etwas sagen und nicht tun? Sollte er etwas reden und nicht halten? (4. Mose 23,19)

So sollst du nun wissen, dass der HERR, dein Gott, allein Gott ist, der treue Gott, der den Bund und die Barmherzigkeit bis ins tausendste Glied hält denen, die ihn lieben und seine Gebote halten. (5. Mose 7,9)

Meine Gnade will ich nicht von ihm wenden und meine Treue nicht brechen. Ich will meinen Bund nicht entheiligen und nicht ändern, was aus meinem Munde gegangen ist. (Psalm 89,34-35)

Wohl dem, dessen Hilfe der Gott Jakobs ist, der seine Hoffnung setzt auf den HERRN, seinen Gott, der Himmel und Erde gemacht hat, das Meer und alles, was darinnen ist; der Treue hält ewiglich, der Recht schafft denen, die Gewalt leiden, der die Hungrigen speiset.

(Psalm 146,5-7)

Ich will wachen über meinem Wort, dass ich's tue. (Jeremia 1,12)

Denn ich weiß wohl, was ich für Gedanken über euch habe, spricht der HERR: Gedanken des Friedens und nicht des Leides, dass ich euch gebe Zukunft und Hoffnung. (Jeremia 29,11)

Bis Himmel und Erde vergehen, wird nicht vergehen der kleinste Buchstabe noch ein Tüpfelchen vom Gesetz, bis es alles geschieht.

(Matthäus 5,18)

Himmel und Erde werden vergehen; aber meine Worte werden nicht vergehen. (Matthäus 24,35)

Denn auf alle Gottesverheißungen ist in ihm das Ja; darum sprechen wir auch durch ihn das Amen, Gott zum Lobe. (2. Korinther 1,20)

Darum hat Gott, als er den Erben der Verheißung noch kräftiger beweisen wollte, dass sein Ratschluss nicht wankt, sich noch mit einem Eid verbürgt. So sollten wir durch zwei Zusagen, die nicht wanken - denn es ist unmöglich, dass Gott lügt -, einen starken Trost haben, die wir unsre Zuflucht dazu genommen haben, festzuhalten an der angebotenen Hoffnung. (Hebräer 6,17-18)

Jesus Christus

Er war der Allerverachtetste und Unwerteste, voller Schmerzen und Krankheit. Er war so verachtet, dass man das Angesicht vor ihm verbarg; darum haben wir ihn für nichts geachtet. Fürwahr, er trug unsre Krankheit und lud auf sich unsre Schmerzen. Wir aber hielten ihn für den, der geplagt und von Gott geschlagen und gemartert wäre. Aber er ist um unsrer Missetat willen verwundet und um unsrer Sünde willen zerschlagen. Die Strafe liegt auf ihm, auf dass wir Frieden hätten, und durch seine Wunden sind wir geheilt. (Jesaja 53,3-5)

Ich bin das Licht der Welt. Wer mir nachfolgt, der wird nicht wandeln in der Finsternis, sondern wird das Licht des Lebens haben. (Johannes 8,12)

Ich bin der gute Hirte. Der gute Hirte lässt sein Leben für die Schafe.

(Johannes 10,11)

Jesus spricht zu ihm: Ich bin der Weg und die Wahrheit und das Leben; niemand kommt zum Vater denn durch mich. (Johannes 14,6)

Denn in ihm (Jesus) ist alles geschaffen, was im Himmel und auf Erden ist, das Sichtbare und das Unsichtbare, es seien Throne oder Herrschaften oder Mächte oder Gewalten; es ist alles durch ihn und zu ihm geschaffen. Und er ist vor allem, und es besteht alles in ihm. Und er ist das Haupt des Leibes, nämlich der Gemeinde. Denn es hat Gott wohlgefallen, dass in ihm alle Fülle wohnen sollte und er durch ihn alles mit sich versöhnte, es sei auf Erden oder im Himmel, indem er Frieden machte durch sein Blut am Kreuz. (Kolosser 1,15-20)

Christus, in welchem verborgen liegen alle Schätze der Weisheit und der Erkenntnis. (Kolosser 2,3)

Denn in Christus wohnt die ganze Fülle der Gottheit leibhaftig und an dieser Fülle habt ihr teil in ihm, der das Haupt aller Mächte und Gewalten ist. (Kolosser 2,9-10)

Nachdem Gott vorzeiten vielfach und auf vielerlei Weise geredet hat zu den Vätern durch die Propheten, hat er in diesen letzten Tagen zu uns geredet durch den Sohn, den er eingesetzt hat zum Erben über alles, durch den er auch die Welt gemacht hat. (Hebräer 1,1-2)

Jesus Christus hat mich vollkommen gereinigt

Ich will sie reinigen von aller Missetat, womit sie wider mich gesündigt haben; und will ihnen vergeben alle Missetaten, womit sie wider mich gesündigt und gefrevelt haben. (Jeremia 33,8)

Als sie aber aßen, nahm Jesus das Brot, dankte und brach's und gab's den Jüngern und sprach: Nehmet, esset; das ist mein Leib. Und er nahm den Kelch und dankte, gab ihnen den und sprach: Trinket alle daraus; das ist mein Blut des Bundes, das vergossen wird für viele zur Vergebung der Sünden. (Matthäus 26,26-28)

Am nächsten Tag sieht Johannes, dass Jesus zu ihm kommt, und spricht: Siehe, das ist Gottes Lamm, das der Welt Sünde trägt!

(Johannes 1,29)

Um wie viel mehr werden wir nun durch ihn bewahrt werden vor dem Zorn, nachdem wir jetzt durch sein Blut gerecht geworden sind!

(Römer 5,9)

Ihr seid rein gewaschen, ihr seid geheiligt, ihr seid gerecht geworden durch den Namen des Herrn Jesus Christus. (1. Korinther 6,11)

Jetzt aber in Christus Jesus seid ihr, die ihr einst Ferne wart, Nahe geworden durch das Blut Christi. Denn er ist unser Friede, der aus beiden eines gemacht hat und den Zaun abgebrochen hat, der dazwischen war, nämlich die Feindschaft. (Epheser 2,13-14)

Er hat uns errettet von der Macht der Finsternis und hat uns versetzt in das Reich seines lieben Sohnes, in dem wir die Erlösung haben, nämlich die Vergebung der Sünden. (Kolosser 1,13-14)

Wenn wir aber im Licht wandeln, wie er im Licht ist, so haben wir Gemeinschaft untereinander, und das Blut Jesu, seines Sohnes, macht uns rein von aller Sünde. (1. Johannes 1,7)

Er ist auch nicht durch das Blut von Böcken oder Kälbern, sondern durch sein eigenes Blut ein für alle Mal in das Heiligtum eingegangen und hat eine ewige Erlösung erworben [...] um wie viel mehr wird dann das Blut Christi, der sich selbst als Opfer ohne Fehl durch den ewigen Geist Gott dargebracht hat, unser Gewissen reinigen von den toten Werken, zu dienen dem lebendigen Gott! (Hebräer 9,12+14)

Jesus hat alle meine Sünden weggenommen

So fern der Morgen ist vom Abend, lässt er unsre Übertretungen von uns sein. (Psalm 103,12)

Ich, ich tilge deine Übertretungen um meinetwillen und gedenke deiner Sünden nicht. (Jesaja 43,25)

Ich will ihnen ihre Missetat vergeben und ihrer Sünde nimmermehr gedenken. (Jeremia 31,34)

Er wird sich unser wieder erbarmen, unsere Schuld unter die Füße treten und alle unsere Sünden in die Tiefen des Meeres werfen.

(Micha 7,19)

So sei euch nun kundgetan, liebe Brüder, dass euch durch ihn Vergebung der Sünden verkündigt wird; und in all dem, worin ihr durch das Gesetz des Mose nicht gerecht werden konntet, ist der gerecht gemacht, der an ihn glaubt. (Apostelgeschichte 13,38-39)

Jesus Christus, der sich selbst für unsere Sünden dahingegeben hat, dass er uns errette von dieser gegenwärtigen, bösen Welt nach dem Willen Gottes, unseres Vaters; dem sei Ehre von Ewigkeit zu Ewigkeit! Amen. (Galater 1,4-5)

Als aber erschien die Freundlichkeit und Menschenliebe Gottes, unseres Heilands, machte er uns selig - nicht um der Werke der Gerechtigkeit willen, die wir getan hatten, sondern nach seiner Barmherzigkeit - durch das Bad der Wiedergeburt und Erneuerung im Heiligen Geist, den er über uns reichlich ausgegossen hat durch Jesus Christus, unsern Heiland. (Titus 3,4-7)

Der unsre Sünde selbst hinaufgetragen hat an seinem Leibe auf das Holz, damit wir, der Sünde abgestorben, der Gerechtigkeit leben. Durch seine Wunden seid ihr heil geworden. (1. Petrus 2,24)

Wenn wir aber unsre Sünden bekennen, so ist er treu und gerecht, dass er uns die Sünden vergibt und reinigt uns von aller Ungerechtigkeit.

(1. Johannes 1,9)

Liebe Kinder, ich schreibe euch, dass euch die Sünden vergeben sind um seines Namens willen. (1. Johannes 2,12)

Jesus hat mir ewiges Leben gegeben

Er bittet dich um Leben; du gibst es ihm, langes Leben für immer und ewig. (Psalm 21,5)

Also hat Gott die Welt geliebt, dass er seinen eingeborenen Sohn gab, damit alle, die an ihn glauben, nicht verloren werden, sondern das ewige Leben haben. (Johannes 3,16)

Wer aber von dem Wasser trinken wird, das ich ihm gebe, den wird in Ewigkeit nicht dürsten, sondern das Wasser, das ich ihm geben werde, das wird in ihm eine Quelle des Wassers werden, das in das ewige Leben quillt. (Johannes 4,14)

Wahrlich, wahrlich, ich sage euch: Wer mein Wort hört und glaubt dem, der mich gesandt hat, der hat das ewige Leben und kommt nicht in das Gericht, sondern er ist vom Tode zum Leben hindurchgedrungen.

(Johannes 5,24)

Wahrlich, wahrlich, ich sage euch: Wer glaubt, der hat das ewige Leben.

(Johannes 6,47)

Jesus spricht: Ich bin die Auferstehung und das Leben. Wer an mich glaubt, der wird leben, auch wenn er stirbt; und wer da lebt und glaubt an mich, der wird nimmermehr sterben. (Johannes 11,25-26)

Der Sünde Sold ist der Tod; die Gabe Gottes aber ist das ewige Leben in Christus Jesus, unserm Herrn. (Römer 6,23)

Wenn nun der Geist dessen, der Jesus von den Toten auferweckt hat, in euch wohnt, so wird er, der Christus von den Toten auferweckt hat, auch eure sterblichen Leiber lebendig machen durch seinen Geist, der in euch wohnt. (Römer 8,11)

Wer auf sein Fleisch sät, der wird von dem Fleisch das Verderben ernten; wer aber auf den Geist sät, der wird von dem Geist das ewige Leben ernten. (Galater 6,8)

Und darum ist er auch der Mittler des neuen Bundes, damit durch seinen Tod, der geschehen ist zur Erlösung von den Übertretungen unter dem ersten Bund, die Berufenen das verheißene ewige Erbe empfangen. (Hebräer 9,15)

Gott ist immer bei mir

Er sprach: Mein Angesicht soll vorangehen; ich will dich zur Ruhe leiten. Mose aber sprach zu ihm: Wenn nicht dein Angesicht vorangeht, so führe uns nicht von hier hinauf. (2. Mose 33,14-15)

Der HERR ist mit euch, weil ihr mit ihm seid; und wenn ihr ihn sucht, wird er sich von euch finden lassen. Werdet ihr ihn aber verlassen, so wird er euch auch verlassen. (2. Chronik 15,2)

Der HERR ist mein Hirte, mir wird nichts mangeln [...] Er erquicket meine Seele. Er führet mich auf rechter Straße um seines Namens willen. Und ob ich schon wanderte im finstern Tal, fürchte ich kein Unglück; denn du bist bei mir, dein Stecken und Stab trösten mich. Du bereitest vor mir einen Tisch im Angesicht meiner Feinde. Du salbest mein Haupt mit Öl und schenkest mir voll ein. Gutes und Barmherzigkeit werden mir folgen mein Leben lang, und ich werde bleiben im Hause des HERRN immerdar. (Psalm 23)

Der HERR wird sein Volk nicht verstoßen noch sein Erbe verlassen.

(Psalm 94,14)

Und ihr sollt's erfahren, dass ich mitten unter Israel bin und dass ich, der HERR, euer Gott bin, und sonst keiner mehr, und mein Volk soll nicht mehr zuschanden werden. (Joel 2,27)

Und siehe, ich bin bei euch alle Tage bis an der Welt Ende.

(Matthäus 28,20)

Ich bin der Weinstock, ihr seid die Reben. Wer in mir bleibt und ich in ihm, der bringt viel Frucht; denn ohne mich könnt ihr nichts tun.

(Johannes 15,5)

Jesus antwortete und sprach zu ihm: Wer mich liebt, der wird mein Wort halten; und mein Vater wird ihn lieben, und wir werden zu ihm kommen und Wohnung bei ihm nehmen. (Johannes 14,23)

Ich will dich nicht verlassen, und nicht von dir weichen. (Hebräer 13,5)

Siehe, ich stehe vor der Tür und klopfe an. Wenn jemand meine Stimme hören wird und die Tür auftun, zu dem werde ich hineingehen und das Abendmahl mit ihm halten und er mit mir. (Offenbarung 3,20)

Gott bewahrt mich

Wenn ich sprach: Mein Fuß ist gestrauchelt, so hielt mich, HERR, deine Gnade. (Psalm 94,18)

Er wird seine Herde weiden wie ein Hirte. Er wird die Lämmer in seinen Arm sammeln und im Bausch seines Gewandes tragen und die Mutterschafe führen. (Jesaja 40,11)

Mein Vater, der mir sie gegeben hat, ist größer als alles, und niemand kann sie aus des Vaters Hand reißen. Ich und der Vater sind eins.

(Johannes 10,29-30)

Ich bin nicht mehr in der Welt; sie aber sind in der Welt, und ich komme zu dir. Heiliger Vater, erhalte sie in deinem Namen, den du mir gegeben hast, dass sie eins seien wie wir. (Johannes 17,11)

Denn ich bin gewiss, dass weder Tod noch Leben, weder Engel noch Mächte noch Gewalten, weder Gegenwärtiges noch Zukünftiges, weder Hohes noch Tiefes noch eine andere Kreatur uns scheiden kann von der Liebe Gottes, die in Christus Jesus ist, unserm Herrn. (Römer 8,38-39)

Der wird euch auch fest erhalten bis ans Ende, dass ihr untadelig seid am Tag unseres Herrn Jesus Christus. Denn Gott ist treu, durch den ihr berufen seid zur Gemeinschaft seines Sohnes Jesus Christus, unseres Herrn. (1. Korinther 1,8-9)

Bisher hat euch nur menschliche Versuchung getroffen. Aber Gott ist treu, der euch nicht versuchen lässt über eure Kraft, sondern macht, dass die Versuchung so ein Ende nimmt, dass ihr's ertragen könnt.

(1. Korinther 10,13)

Gott ist's aber, der uns fest macht samt euch in Christus und uns gesalbt und versiegelt und in unsre Herzen als Unterpfand den Geist gegeben hat. (2. Korinther 1,21-22)

Aber der Herr ist treu; der wird euch stärken und bewahren vor dem Bösen. (2. Thessalonicher 3,3)

Wir wissen, dass, wer von Gott geboren ist, der sündigt nicht, sondern wer von Gott geboren ist, den bewahrt er und der Böse tastet ihn nicht an. (1. Johannes 5,18)

Gott gibt mir Kraft, ihm zu dienen

Wundersam ist Gott in seinem Heiligtum; er ist Israels Gott. Er wird dem Volke Macht und Kraft geben. Gelobt sei Gott! (Psalm 68,36)

Ich hebe meine Augen auf zu den Bergen. Woher kommt mir Hilfe? Meine Hilfe kommt vom HERRN, der Himmel und Erde gemacht hat.
(Psalm 121,1-2)

Wer festen Herzens ist, dem bewahrst du Frieden; denn er verlässt sich auf dich. Darum verlasst euch auf den HERRN immerdar; denn Gott der HERR ist ein Fels ewiglich. (Jesaja 26,3-4)

Die auf den HERRN harren, kriegen neue Kraft, dass sie auffahren mit Flügeln wie Adler, dass sie laufen und nicht matt werden, dass sie wandeln und nicht müde werden. (Jesaja 40,31)

Es soll nicht durch Heer oder Kraft, sondern durch meinen Geist geschehen, spricht der HERR Zebaoth. (Sacharja 4,6)

Wie viele ihn aber aufnahmen, denen gab er Macht, Gottes Kinder zu werden, denen, die an seinen Namen glauben. (Johannes 1,12)

Nicht ihr habt mich erwählt, sondern ich habe euch erwählt und bestimmt, dass ihr hingeht und Frucht bringt und eure Frucht bleibt, damit, wenn ihr den Vater bittet in meinem Namen, er's euch gebe.
(Johannes 15,16)

Aber ihr werdet die Kraft des Heiligen Geistes empfangen, der auf euch kommen wird, und werdet meine Zeugen sein in Jerusalem und in ganz Judäa und Samarien und bis an das Ende der Erde. (Apostelgeschichte 1,8)

Lass dir an meiner Gnade genügen; denn meine Kraft ist in den Schwachen mächtig. Darum will ich mich am allerliebsten rühmen meiner Schwachheit, damit die Kraft Christi bei mir wohne. (2. Korinther 12,9)

Deshalb ergreift die Waffenrüstung Gottes, damit ihr an dem bösen Tag Widerstand leisten und alles überwinden und das Feld behalten könnt.
(Epheser 6,13)

Schaffet, dass ihr selig werdet, mit Furcht und Zittern. Denn Gott ist's, der in euch wirkt beides, das Wollen und das Vollbringen, nach seinem Wohlgefallen. (Philipper 2,12-13)

Gott lehrt mich die Wahrheit

Ich will dich unterweisen und dir den Weg zeigen, den du gehen sollst; ich will dich mit meinen Augen leiten. (Psalm 32,8)

Er ändert Zeit und Stunde; er setzt Könige ab und setzt Könige ein; er gibt den Weisen ihre Weisheit und den Verständigen ihren Verstand, er offenbart, was tief und verborgen ist; er weiß, was in der Finsternis liegt, denn bei ihm ist lauter Licht. (Daniel 2,21-22)

Wenn jemand dessen Willen tun will, wird er innewerden, ob diese Lehre von Gott ist oder ob ich von mir selbst aus rede. (Johannes 7,17)

Der Tröster, der Heilige Geist, den mein Vater senden wird in meinem Namen, der wird euch alles lehren und euch an alles erinnern, was ich euch gesagt habe. (Johannes 14,26)

Ich sage hinfort nicht, dass ihr Knechte seid; denn ein Knecht weiß nicht, was sein Herr tut. Euch aber habe ich gesagt, dass ihr Freunde seid; denn alles, was ich von meinem Vater gehört habe, habe ich euch kundgetan. (Johannes 15,15)

Wenn aber jener, der Geist der Wahrheit, kommen wird, wird er euch in alle Wahrheit leiten. Denn er wird nicht aus sich selber reden; sondern was er hören wird, das wird er reden, und was zukünftig ist, wird er euch verkündigen. (Johannes 16,13)

Sondern es ist gekommen, wie geschrieben steht (Jesaja 64,3): »Was kein Auge gesehen hat und kein Ohr gehört hat und in keines Menschen Herz gekommen ist, was Gott bereitet hat denen, die ihn lieben.« Uns aber hat es Gott offenbart durch seinen Geist; denn der Geist erforscht alle Dinge, auch die Tiefen der Gottheit. (1. Korinther 2,9-10)

Denn Gott, der sprach: Licht soll aus der Finsternis hervorleuchten, der hat einen hellen Schein in unsre Herzen gegeben, dass durch uns entstünde die Erleuchtung zur Erkenntnis der Herrlichkeit Gottes in dem Angesicht Jesu Christi. (2. Korinther 4,6)

Dass der Gott unseres Herrn Jesus Christus, der Vater der Herrlichkeit, euch gebe den Geist der Weisheit und der Offenbarung, ihn zu erkennen. (Epheser 1,17)

Gott liebt mich und lässt mich lieben

Ich liebe, die mich lieben, und die mich suchen, finden mich.

(Sprüche 8,17)

Ach, Herr, du großer und heiliger Gott, der du Bund und Gnade bewahrst denen, die dich lieben und deine Gebote halten! (Daniel 9,4)

»Du sollst den Herrn, deinen Gott, lieben von ganzem Herzen, von ganzer Seele und von ganzem Gemüt« (5.Mose 6,5). Dies ist das höchste und größte Gebot. Das andere aber ist dem gleich: »Du sollst deinen Nächsten lieben wie dich selbst« (3.Mose 19,18). In diesen beiden Geboten hängt das ganze Gesetz und die Propheten. (Matthäus 22,37-40)

Also hat Gott die Welt geliebt, dass er seinen eingeborenen Sohn gab, damit alle, die an ihn glauben, nicht verloren werden, sondern das ewige Leben haben. (Johannes 3,16)

Ein neues Gebot gebe ich euch, dass ihr euch untereinander liebt, wie ich euch geliebt habe, damit auch ihr einander lieb habt. Daran wird jedermann erkennen, dass ihr meine Jünger seid, wenn ihr Liebe untereinander habt. (Johannes 13,34-35)

Wenn ihr meine Gebote haltet, so bleibt ihr in meiner Liebe, wie ich meines Vaters Gebote halte und bleibe in seiner Liebe. (Johannes 15,10)

Wenn jemand meint, er habe etwas erkannt, der hat noch nicht erkannt, wie man erkennen soll. Wenn aber jemand Gott liebt, der ist von ihm erkannt. (1. Korinther 8,2-3)

Ihr Lieben, lasst uns einander lieb haben; denn die Liebe ist von Gott, und wer liebt, der ist von Gott geboren und kennt Gott. (1. Johannes 4,7)

Darin besteht die Liebe: nicht dass wir Gott geliebt haben, sondern dass er uns geliebt hat und gesandt seinen Sohn zur Versöhnung für unsre Sünden. (1. Johannes 4,10)

Und wir haben erkannt und geglaubt die Liebe, die Gott zu uns hat. Gott ist die Liebe; und wer in der Liebe bleibt, der bleibt in Gott und Gott in ihm. (1. Johannes 4,16)

Lasst uns lieben, denn er hat uns zuerst geliebt. (1. Johannes 4,19)

Geistliches Wachstum

Die gepflanzt sind im Hause des HERRN, werden in den Vorhöfen unsres Gottes grünen. Und wenn sie auch alt werden, werden sie dennoch blühen, fruchtbar und frisch sein, dass sie verkündigen, wie der HERR es recht macht; er ist mein Fels und kein Unrecht ist an ihm.

(Psalm 92,14-16)

Der Gerechten Pfad glänzt wie das Licht am Morgen, das immer heller leuchtet bis zum vollen Tag. (Sprüche 4,18)

Und stellt euch nicht dieser Welt gleich, sondern ändert euch durch Erneuerung eures Sinnes, damit ihr prüfen könnt, was Gottes Wille ist, nämlich das Gute und Wohlgefällige und Vollkommene. (Römer 12,2)

Dass Christus durch den Glauben in euren Herzen wohne und ihr in der Liebe eingewurzelt und gegründet seid. So könnt ihr mit allen Heiligen begreifen, welches die Breite und die Länge und die Höhe und die Tiefe ist, auch die Liebe Christi erkennen, die alle Erkenntnis übertrifft, damit ihr erfüllt werdet mit der ganzen Gottesfülle. (Epheser 3,17-19)

Ich bin darin guter Zuversicht, dass der in euch angefangen hat das gute Werk, der wird's auch vollenden bis an den Tag Christi Jesu.

(Philipper 1,6)

Und ich bete darum, dass eure Liebe immer noch reicher werde an Erkenntnis und aller Erfahrung, sodass ihr prüfen könnt, was das Beste sei, damit ihr lauter und unanstößig seid für den Tag Christi, erfüllt mit Frucht der Gerechtigkeit durch Jesus Christus zur Ehre und zum Lobe Gottes. (Philipper 1,9-11)

Seid begierig nach der vernünftigen lauteren Milch wie die neugeborenen Kindlein, damit ihr durch sie zunehmt zu eurem Heil, da ihr ja geschmeckt habt, dass der Herr freundlich ist. (1. Petrus 2,2-3)

So wendet alle Mühe daran und erweist in eurem Glauben Tugend und in der Tugend Erkenntnis und in der Erkenntnis Mäßigkeit und in der Mäßigkeit Geduld und in der Geduld Frömmigkeit und in der Frömmigkeit brüderliche Liebe [...] Denn wenn dies alles reichlich bei euch ist, wird's euch nicht faul und unfruchtbar sein lassen in der Erkenntnis unseres Herrn Jesus Christus. (2. Petrus 1,5-8)

Heiliger Geist

Aber der Tröster, der Heilige Geist, den mein Vater senden wird in meinem Namen, der wird euch alles lehren und euch an alles erinnern, was ich euch gesagt habe. (Johannes 14,26)

Wenn aber jener, der Geist der Wahrheit, kommen wird, wird er euch in alle Wahrheit leiten. Denn er wird nicht aus sich selber reden; sondern was er hören wird, das wird er reden, und was zukünftig ist, wird er euch verkündigen. (Johannes 16,13)

Sie wurden alle erfüllt von dem Heiligen Geist und fingen an zu predigen in andern Sprachen, wie der Geist ihnen gab auszusprechen.

(Apostelgeschichte 2,4)

Desgleichen hilft auch der Geist unsrer Schwachheit auf. Denn wir wissen nicht, was wir beten sollen, wie sich's gebührt; sondern der Geist selbst vertritt uns mit unaussprechlichem Seufzen. Der aber die Herzen erforscht, der weiß, worauf der Sinn des Geistes gerichtet ist; denn er vertritt die Heiligen, wie es Gott gefällt. (Römer 8,26-27)

Sondern es ist gekommen, wie geschrieben steht (Jesaja 64,3): »Was kein Auge gesehen hat und kein Ohr gehört hat und in keines Menschen Herz gekommen ist, was Gott bereitet hat denen, die ihn lieben.« Uns aber hat es Gott offenbart durch seinen Geist; denn der Geist erforscht alle Dinge, auch die Tiefen der Gottheit. (1. Korinther 2,9-10)

Gott ist's aber, der uns fest macht samt euch in Christus und uns gesalbt und versiegelt und in unsre Herzen als Unterpfand den Geist gegeben hat. (2. Korinther 1,21-22)

In ihm seid auch ihr, die ihr das Wort der Wahrheit gehört habt, nämlich das Evangelium von eurer Seligkeit - in ihm seid auch ihr, als ihr gläubig wurdet, versiegelt worden mit dem Heiligen Geist, der verheißen ist, welcher ist das Unterpfand unsres Erbes, zu unsrer Erlösung, dass wir sein Eigentum würden zum Lob seiner Herrlichkeit. (Epheser 1,13-14)

Und wer seine Gebote hält, der bleibt in Gott und Gott in ihm. Und daran erkennen wir, dass er in uns bleibt: an dem Geist, den er uns gegeben hat. (1. Johannes 3,24)

Gott schenkt mir seinen Heiligen Geist

Ich will meinen Geist in euch geben und will solche Leute aus euch machen, die in meinen Geboten wandeln und meine Rechte halten und danach tun. (Hesekiel 36,27)

Und nach diesem will ich meinen Geist ausgießen über alles Fleisch, und eure Söhne und Töchter sollen weissagen, eure Alten sollen Träume haben, und eure Jünglinge sollen Gesichte sehen. (Joel 3,1)

Ich taufe euch mit Wasser zur Buße; der aber nach mir kommt, ist stärker als ich, und ich bin nicht wert, ihm die Schuhe zu tragen; der wird euch mit dem Heiligen Geist und mit Feuer taufen. (Matthäus 3,11)

Wenn nun ihr, die ihr böse seid, euren Kindern gute Gaben geben könnt, wie viel mehr wird der Vater im Himmel den Heiligen Geist geben denen, die ihn bitten! (Lukas 11,13)

Und ich will den Vater bitten und er wird euch einen andern Tröster geben, dass er bei euch sei in Ewigkeit: den Geist der Wahrheit, den die Welt nicht empfangen kann, denn sie sieht ihn nicht und kennt ihn nicht. Ihr kennt ihn, denn er bleibt bei euch und wird in euch sein.

(Johannes 14,16-17)

Wenn aber der Tröster kommen wird, den ich euch senden werde vom Vater, der Geist der Wahrheit, der vom Vater ausgeht, der wird Zeugnis geben von mir. (Johannes 15,26)

Aber ich sage euch die Wahrheit: Es ist gut für euch, dass ich weggehe. Denn wenn ich nicht weggehe, kommt der Tröster nicht zu euch. Wenn ich aber gehe, will ich ihn zu euch senden. (Johannes 16,7)

Ihr werdet die Kraft des Heiligen Geistes empfangen, der auf euch kommen wird, und werdet meine Zeugen sein in Jerusalem und in ganz Judäa und Samarien und bis an das Ende der Erde. (Apostelgeschichte 1,8)

Tut Buße und jeder von euch lasse sich taufen auf den Namen Jesu Christi zur Vergebung eurer Sünden, so werdet ihr empfangen die Gabe des Heiligen Geistes. (Apostelgeschichte 2,38)

Die Liebe Gottes ist ausgegossen in unsre Herzen durch den Heiligen Geist, der uns gegeben ist. (Römer 5,5)

Gott schafft neue Hoffnung

Der HERR erlöst das Leben seiner Knechte, und alle, die auf ihn trauen, werden frei von Schuld. (Psalm 34,23)

Was betrübst du dich, meine Seele? Harre auf Gott; denn ich werde ihm noch danken, dass er meines Angesichts Hilfe und mein Gott ist.
(Psalm 42,12)

Aber sei nur stille zu Gott, meine Seele; denn er ist meine Hoffnung.
(Psalm 62,6)

Denn du bist meine Zuversicht, HERR, mein Gott, meine Hoffnung von meiner Jugend an. (Psalm 71,5)

Wohl dem, dessen Hilfe der Gott Jakobs ist, der seine Hoffnung setzt auf den HERRN, seinen Gott. (Psalm 146,5)

Denn ich weiß wohl, was ich für Gedanken über euch habe, spricht der HERR: Gedanken des Friedens und nicht des Leides, dass ich euch gebe Zukunft und Hoffnung. (Jeremia 29,11)

Da wir nun gerecht geworden sind durch den Glauben, haben wir Frieden mit Gott durch unsern Herrn Jesus Christus; durch ihn haben wir auch den Zugang im Glauben zu dieser Gnade, in der wir stehen, und rühmen uns der Hoffnung der zukünftigen Herrlichkeit, die Gott geben wird. (Römer 5,1-2)

Denn was zuvor geschrieben ist, das ist uns zur Lehre geschrieben, damit wir durch Geduld und den Trost der Schrift Hoffnung haben.
(Römer 15,4)

Der Gott der Hoffnung aber erfülle euch mit aller Freude und Frieden im Glauben, dass ihr immer reicher werdet an Hoffnung durch die Kraft des Heiligen Geistes. (Römer 15,13)

Christus in euch, die Hoffnung der Herrlichkeit. (Kolosser 1,27)

Und ein jeder, der solche Hoffnung auf ihn hat, der reinigt sich, wie auch jener rein ist. (1. Johannes 3,3)

Lasst uns festhalten an dem Bekenntnis der Hoffnung und nicht wanken; denn er ist treu, der sie verheißen hat. (Hebräer 10,23)

Gott kümmert sich um all meine Bedürfnisse

Der HERR wird für euch streiten, und ihr werdet stille sein. (2. Mose 14,14)

Der HERR ist mein Gut und mein Teil; du erhältst mir mein Erbteil. Das Los ist mir gefallen auf liebliches Land; mir ist ein schönes Erbteil geworden. (Psalm 16,5-6)

Hoffe auf den HERRN und tu Gutes, bleibe im Lande und nähre dich redlich. Habe deine Lust am HERRN; der wird dir geben, was dein Herz wünscht. Befiehl dem HERRN deine Wege und hoffe auf ihn, er wird's wohlmachen und wird deine Gerechtigkeit heraufführen wie das Licht und dein Recht wie den Mittag. Sei stille dem HERRN und warte auf ihn.
(Psalm 37,4)

Wohl dem, der den HERRN fürchtet, der große Freude hat an seinen Geboten! Sein Geschlecht wird gewaltig sein im Lande; die Kinder der Frommen werden gesegnet sein. Reichtum und Fülle wird in ihrem Hause sein, und ihre Gerechtigkeit bleibt ewiglich. (Psalm 112,1-3)

Ehre den HERRN mit deinem Gut und mit den Erstlingen all deines Einkommens, so werden deine Scheunen voll werden und deine Kelter von Wein überlaufen. (Sprüche 3,9-10)

Und der HERR wird dich immerdar führen und dich sättigen in der Dürre und dein Gebein stärken. Und du wirst sein wie ein bewässerter Garten und wie eine Wasserquelle, der es nie an Wasser fehlt. (Jesaja 58,11)

Trachtet zuerst nach dem Reich Gottes und nach seiner Gerechtigkeit, so wird euch das alles zufallen. (Matthäus 6,33)

Ein Dieb kommt nur, um zu stehlen, zu schlachten und umzubringen. Ich bin gekommen, damit sie das Leben und volle Genüge haben sollen.
(Johannes 10,10)

Mein Gott aber wird all eurem Mangel abhelfen nach seinem Reichtum in Herrlichkeit in Christus Jesus. Gott aber, unserm Vater, sei Ehre von Ewigkeit zu Ewigkeit. Amen. (Philipper 4,19-20)

Alle gute Gabe und alle vollkommene Gabe kommt von oben herab, von dem Vater des Lichts, bei dem keine Veränderung ist noch Wechsel des Lichts und der Finsternis. (Jakobus 1,17)

Gott sorgt für mich

Die den HERRN suchen, haben keinen Mangel an irgendeinem Gut.

(Psalm 34,11)

Denn ich bin arm und elend; der Herr aber sorgt für mich. (Psalm 40,18)

Es ist umsonst, dass ihr früh aufsteht und hernach lange sitzet und es-set euer Brot mit Sorgen; denn seinen Freunden gibt er es im Schlaf.

(Psalm 127,2)

Sorgt nicht um euer Leben, was ihr essen und trinken werdet; auch nicht um euren Leib, was ihr anziehen werdet. Ist nicht das Leben mehr als die Nahrung und der Leib mehr als die Kleidung? Seht die Vögel unter dem Himmel an: sie säen nicht, sie ernten nicht, sie sammeln nicht in die Scheunen; und euer himmlischer Vater ernährt sie doch. Seid ihr denn nicht viel mehr als sie? Wer ist unter euch, der seines Lebens Länge eine Spanne zusetzen könnte, wie sehr er sich auch darum sorgt? Und warum sorgt ihr euch um die Kleidung? Schaut die Lilien auf dem Feld an, wie sie wachsen: sie arbeiten nicht, auch spin-nen sie nicht. Ich sage euch, dass auch Salomo in aller seiner Herrlich-keit nicht gekleidet gewesen ist wie eine von ihnen. Wenn nun Gott das Gras auf dem Feld so kleidet, das doch heute steht und morgen in den Ofen geworfen wird: sollte er das nicht viel mehr für euch tun, ihr Klein-gläubigen? Darum sollt ihr nicht sorgen und sagen: Was werden wir essen? Was werden wir trinken? Womit werden wir uns kleiden? Nach dem allen trachten die Heiden. Denn euer himmlischer Vater weiß, dass ihr all dessen bedürft. Trachtet zuerst nach dem Reich Gottes und nach seiner Gerechtigkeit, so wird euch das alles zufallen. Darum sorgt nicht für morgen, denn der morgige Tag wird für das Seine sorgen. Es ist genug, dass jeder Tag seine eigene Plage hat. (Matthäus 6,25-34)

Bittet, so wird euch gegeben; suchet, so werdet ihr finden; klopfet an, so wird euch aufgetan. Denn wer da bittet, der empfängt; und wer da sucht, der findet; und wer da anklopft, dem wird aufgetan. (Matthäus 7,7-8)

Sorgt euch um nichts, sondern in allen Dingen lasst eure Bitten in Gebet und Flehen mit Danksagung vor Gott kundwerden! (Philipper 4,6)

Alle eure Sorge werft auf ihn; denn er sorgt für euch. (1. Petrus 5,7)

Gottes Wort ist lebendig

Er demütigte dich und ließ dich hungern und speiste dich mit Manna, das du und deine Väter nie gekannt hatten, auf dass er dir kundtäte, dass der Mensch nicht lebt vom Brot allein, sondern von allem, was aus dem Mund des HERRN geht. (5. Mose 8,3)

Das Gras verdorrt, die Blume verwelkt, aber das Wort unseres Gottes bleibt ewiglich. (Jesaja 40,8)

So soll das Wort, das aus meinem Munde geht, auch sein: Es wird nicht wieder leer zu mir zurückkommen, sondern wird tun, was mir gefällt, und ihm wird gelingen, wozu ich es sende. (Jesaja 55,11)

Himmel und Erde werden vergehen; aber meine Worte werden nicht vergehen. (Matthäus 24,35)

So kommt der Glaube aus der Predigt, das Predigen aber durch das Wort Christi. (Römer 10,17)

Nehmt den Helm des Heils und das Schwert des Geistes, welches ist das Wort Gottes. (Epheser 6,17)

Du aber bleibe bei dem, was du gelernt hast und was dir anvertraut ist; du weißt ja, von wem du gelernt hast und dass du von Kind auf die Heilige Schrift kennst, die dich unterweisen kann zur Seligkeit durch den Glauben an Christus Jesus. Denn alle Schrift, von Gott eingegeben, ist nütze zur Lehre, zur Zurechtweisung, zur Besserung, zur Erziehung in der Gerechtigkeit, dass der Mensch Gottes vollkommen sei, zu allem guten Werk geschickt. (2. Timotheus 3,14-17)

Denn das Wort Gottes ist lebendig und kräftig und schärfer als jedes zweischneidige Schwert und dringt durch, bis es scheidet Seele und Geist, auch Mark und Bein, und ist ein Richter der Gedanken und Sinne des Herzens. Und kein Geschöpf ist vor ihm verborgen, sondern es ist alles bloß und aufgedeckt vor den Augen Gottes, dem wir Rechenschaft geben müssen. (Hebräer 4,12-13)

Selig ist, der da liest und die da hören die Worte der Weissagung und behalten, was darin geschrieben ist; denn die Zeit ist nahe.

(Offenbarung 1,3)

Gott erwartet meinen Gehorsam

Werdet ihr nun meiner Stimme gehorchen und meinen Bund halten, so sollt ihr mein Eigentum sein vor allen Völkern; denn die ganze Erde ist mein. Und ihr sollt mir ein Königreich von Priestern und ein heiliges Volk sein. (2. Mose 19,5-6)

Meinst du, dass der HERR Gefallen habe am Brandopfer und Schlachtopfer gleichwie am Gehorsam gegen die Stimme des HERRN? Siehe, Gehorsam ist besser als Opfer und Aufmerken besser als das Fett von Widdern. (1. Samuel 15,22)

Wenn doch mein Volk mir gehorsam wäre. (Psalm 81,14)

Wohl denen, die das Gebot halten und tun immerdar recht! (Psalm 106,3)

Wer nun eines von diesen kleinsten Geboten auflöst und lehrt die Leute so, der wird der Kleinste heißen im Himmelreich; wer es aber tut und lehrt, der wird groß heißen im Himmelreich. (Matthäus 5,19)

Wer an den Sohn glaubt, der hat das ewige Leben. Wer aber dem Sohn nicht gehorsam ist, der wird das Leben nicht sehen, sondern der Zorn Gottes bleibt über ihm. (Johannes 3,36)

Wer meine Gebote hat und hält sie, der ist's, der mich liebt. Wer mich aber liebt, der wird von meinem Vater geliebt werden, und ich werde ihn lieben und mich ihm offenbaren. (Johannes 14,21)

Wenn ihr meine Gebote haltet, so bleibt ihr in meiner Liebe, wie ich meines Vaters Gebote halte und bleibe in seiner Liebe. (Johannes 15,10)

Was ihr gelernt und empfangen und gehört und gesehen habt an mir, das tut; so wird der Gott des Friedens mit euch sein. (Philipper 4,9)

Die Welt vergeht mit ihrer Lust; wer aber den Willen Gottes tut, der bleibt in Ewigkeit. (1. Johannes 2,17)

Was wir bitten, werden wir von ihm empfangen; denn wir halten seine Gebote und tun, was vor ihm wohlgefällig ist. (1. Johannes 3,22)

Wer aber durchschaut in das vollkommene Gesetz der Freiheit und dabei beharrt und ist nicht ein vergesslicher Hörer, sondern ein Täter, der wird selig sein in seiner Tat. (Jakobus 1,25)

Heiligung

Ich bin der allmächtige Gott; wandle vor mir und sei fromm. (1. Mose 17,1)

Denn ich bin der HERR, euer Gott. Darum sollt ihr euch heiligen, sodass ihr heilig werdet, denn ich bin heilig. (3. Mose 11,44)

Aber fleischlich gesinnt sein ist der Tod, und geistlich gesinnt sein ist Leben und Friede. (Römer 8,6)

Und stellt euch nicht dieser Welt gleich, sondern ändert euch durch Erneuerung eures Sinnes, damit ihr prüfen könnt, was Gottes Wille ist, nämlich das Gute und Wohlgefällige und Vollkommene. (Römer 12,2)

Durch ihn (Gott) aber seid ihr in Christus Jesus, der uns von Gott gemacht ist zur Weisheit und zur Gerechtigkeit und zur Heiligung und zur Erlösung. (1. Korinther 1,30)

So folgt nun Gottes Beispiel als die geliebten Kinder und lebt in der Liebe, wie auch Christus uns geliebt hat und hat sich selbst für uns gegeben als Gabe und Opfer, Gott zu einem lieblichen Geruch. Von Unzucht aber und jeder Art Unreinheit oder Habsucht soll bei euch nicht einmal die Rede sein, wie es sich für die Heiligen gehört. (Epheser 5,1-3)

Denn das ist der Wille Gottes, eure Heiligung, dass ihr meidet die Unzucht [...] Denn Gott hat uns nicht berufen zur Unreinheit, sondern zur Heiligung. (1. Thessalonicher 4,3+7)

Denn die leibliche Übung ist wenig nütze; aber die Frömmigkeit ist zu allen Dingen nütze und hat die Verheißung dieses und des zukünftigen Lebens. (1. Timotheus 4,8)

Als gehorsame Kinder gebt euch nicht den Begierden hin, denen ihr früher in der Zeit eurer Unwissenheit dientet; sondern wie der, der euch berufen hat, heilig ist, sollt auch ihr heilig sein in eurem ganzen Wandel.
(1. Petrus 1,14-15)

Jagt dem Frieden nach mit jedermann und der Heiligung, ohne die niemand den Herrn sehen wird. (Hebräer 12,14)

So seid nun Gott untertan. Widersteht dem Teufel, so flieht er von euch. Naht euch zu Gott, so naht er sich zu euch. Reinigt die Hände, ihr Sünder, und heiligt eure Herzen, ihr Wankelmütigen. (Jakobus 4,7-8)

Gott segnet die Familie

Du sollst halten seine Rechte und Gebote, die ich dir heute gebiete; so wird's dir und deinen Kindern nach dir wohlgehen und dein Leben lange währen in dem Lande, das dir der HERR, dein Gott, gibt für immer.

(5. Mose 4,40)

Du sollst fröhlich sein über alles Gut, das der HERR, dein Gott, dir und deinem Hause gegeben hat, du und der Levit und der Fremdling, der bei dir lebt. (5. Mose 26,11)

Wenn du nun der Stimme des HERRN, deines Gottes, gehorchen wirst [...] werden über dich kommen und dir zuteil werden alle diese Segnungen: [...] Gesegnet wird sein die Frucht deines Leibes. (5. Mose 28,1+2+4)

Wohl dem, der den HERRN fürchtet, der große Freude hat an seinen Geboten! Sein Geschlecht wird gewaltig sein im Lande; die Kinder der Frommen werden gesegnet sein. Reichtum und Fülle wird in ihrem Hause sein, und ihre Gerechtigkeit bleibt ewiglich. (Psalm 112,1-3)

Der HERR segne euch je mehr und mehr, euch und eure Kinder! Ihr seid die Gesegneten des HERRN, der Himmel und Erde gemacht hat.

(Psalm 115,14-15)

Siehe, Kinder sind eine Gabe des HERRN, und Leibesfrucht ist ein Geschenk. (Psalm 127,3)

Wer den HERRN fürchtet, hat eine sichere Festung, und auch seine Kinder werden beschirmt. (Sprüche 14,26)

Ein Gerechter, der unsträflich wandelt, dessen Kindern wird's wohlgehen. (Sprüche 20,7)

Gewöhne einen Knaben an seinen Weg, so lässt er auch nicht davon, wenn er alt wird. (Sprüche 22,6)

Und ich will ihnen einerlei Sinn und einerlei Wandel geben, dass sie mich fürchten ihr Leben lang, auf dass es ihnen wohl gehe und ihren Kindern nach ihnen. (Jeremia 32,39)

»Ehre Vater und Mutter«, das ist das erste Gebot, das eine Verheißung hat: »auf dass dir's wohl gehe und du lange lebest auf Erden« (5.Mose 5,16). (Epheser 6,2-3)

Geben ist seliger als Nehmen

Wer reichlich gibt, wird gelabt, und wer reichlich tränkt, der wird auch getränkt werden. (Sprüche 11,25)

Wer dem Armen gibt, dem wird nichts mangeln; wer aber seine Augen abwendet, der wird von vielen verflucht. (Sprüche 28,27)

Wenn du in deiner Mitte niemand unterjochst und nicht mit Fingern zeigst und nicht übel redest, sondern den Hungrigen dein Herz finden lässt und den Elenden sättigst, dann wird dein Licht in der Finsternis aufgehen, und dein Dunkel wird sein wie der Mittag. (Jesaja 58,9-10)

Bringt aber die Zehnten in voller Höhe in mein Vorratshaus, auf dass in meinem Hause Speise sei, und prüft mich hiermit, spricht der HERR Zebaoth, ob ich euch dann nicht des Himmels Fenster auftun werde und Segen herabschütten die Fülle. (Maleachi 3,10)

Selig sind die Barmherzigen; denn sie werden Barmherzigkeit erlangen.

(Matthäus 5,7)

Wahrlich, ich sage euch: Was ihr getan habt einem von diesen meinen geringsten Brüdern, das habt ihr mir getan. (Matthäus 25,40)

Denn wer euch einen Becher Wasser zu trinken gibt deshalb, weil ihr Christus angehört, wahrlich, ich sage euch: Es wird ihm nicht unvergolten bleiben. (Markus 9,41)

Gebt, so wird euch gegeben. Ein volles, gedrücktes, gerütteltes und überfließendes Maß wird man in euren Schoß geben; denn eben mit dem Maß, mit dem ihr messt, wird man euch wieder messen.

(Lukas 6,38)

Ich habe euch in allem gezeigt, dass man so arbeiten und sich der Schwachen annehmen muss im Gedenken an das Wort des Herrn Jesus, der selbst gesagt hat: Geben ist seliger als nehmen.

(Apostelgeschichte 20,35)

Ich meine aber dies: Wer da kärglich sät, der wird auch kärglich ernten; und wer da sät im Segen, der wird auch ernten im Segen. Ein jeder, wie er's sich im Herzen vorgenommen hat, nicht mit Unwillen oder aus Zwang; denn einen fröhlichen Geber hat Gott lieb. (2. Korinther 9,6-7)

Frieden und Einheit

Siehe, wie fein und lieblich ist's, wenn Brüder einträchtig beieinander wohnen! (Psalm 133,1)

Die Böses planen, haben Trug im Herzen; aber die zum Frieden raten, haben Freude. (Sprüche 12,20)

Wenn eines Menschen Wege dem HERRN wohlgefallen, so lässt er auch seine Feinde mit ihm Frieden machen. (Sprüche 16,7)

Selig sind die Friedfertigen; denn sie werden Gottes Kinder heißen. (Matthäus 5,9)

Vielmehr liebt eure Feinde; tut Gutes und leiht, wo ihr nichts dafür zu bekommen hofft. So wird euer Lohn groß sein und ihr werdet Kinder des Allerhöchsten sein; denn er ist gütig gegen die Undankbaren und Bösen. (Lukas 6,35)

Ein neues Gebot gebe ich euch, dass ihr euch untereinander liebt, wie ich euch geliebt habe, damit auch ihr einander lieb habt. Daran wird jedermann erkennen, dass ihr meine Jünger seid, wenn ihr Liebe untereinander habt. (Johannes 13,34-35)

Darin übe ich mich, allezeit ein unverletztes Gewissen zu haben vor Gott und den Menschen. (Apostelgeschichte 24,16)

Ist's möglich, soviel an euch liegt, so habt mit allen Menschen Frieden. (Römer 12,18)

Zuletzt, liebe Brüder, freut euch, lasst euch zurechtbringen, lasst euch mahnen, habt einerlei Sinn, haltet Frieden! So wird der Gott der Liebe und des Friedens mit euch sein. (2. Korinther 13,11)

Vergeltet nicht Böses mit Bösem oder Scheltwort mit Scheltwort, sondern segnet vielmehr, weil ihr dazu berufen seid, dass ihr den Segen ererbt. (1. Petrus 3,9)

Meine Kinder, lasst uns nicht lieben mit Worten noch mit der Zunge, sondern mit der Tat und mit der Wahrheit. (1. Johannes 3,18)

Die Frucht der Gerechtigkeit aber wird gesät in Frieden für die, die Frieden stiften. (Jakobus 3,18)

Gott steht zu seinen Kindern

Der HERR ist mein Hirte, mir wird nichts mangeln [...] Und ob ich schon wanderte im finstern Tal, fürchte ich kein Unglück; denn du bist bei mir, dein Stecken und Stab trösten mich. (Psalm 23,1+4)

Ich will dich unterweisen und dir den Weg zeigen, den du gehen sollst; ich will dich mit meinen Augen leiten. (Psalm 32,8)

Und nun spricht der HERR, der dich geschaffen hat, Jakob, und dich gemacht hat, Israel: Fürchte dich nicht, denn ich habe dich erlöst; ich habe dich bei deinem Namen gerufen; du bist mein! Wenn du durch Wasser gehst, will ich bei dir sein, dass dich die Ströme nicht ersäufen sollen; und wenn du ins Feuer gehst, sollst du nicht brennen, und die Flamme soll dich nicht versengen. (Jesaja 43,1-2)

Keiner Waffe, die gegen dich bereitet wird, soll es gelingen, und jede Zunge, die sich gegen dich erhebt, sollst du im Gericht schuldig sprechen. Das ist das Erbteil der Knechte des HERRN, und ihre Gerechtigkeit kommt von mir, spricht der HERR. (Jesaja 54,17)

Und siehe, ich bin bei euch alle Tage bis an der Welt Ende.

(Matthäus 28,20)

Wenn sie euch aber führen werden in die Synagogen und vor die Machthaber und die Obrigkeit, so sorgt nicht, wie oder womit ihr euch verantworten oder was ihr sagen sollt; denn der Heilige Geist wird euch in dieser Stunde lehren, was ihr sagen sollt. (Lukas 12,11-12)

Denn ich will euch Mund und Weisheit geben, der alle eure Gegner nicht widerstehen noch widersprechen können. (Lukas 21,15)

Aber der Tröster, der Heilige Geist, den mein Vater senden wird in meinem Namen, der wird euch alles lehren und euch an alles erinnern, was ich euch gesagt habe. (Johannes 14,26)

Wenn aber jener, der Geist der Wahrheit, kommen wird, wird er euch in alle Wahrheit leiten. Denn er wird nicht aus sich selber reden; sondern was er hören wird, das wird er reden, und was zukünftig ist, wird er euch verkündigen. (Johannes 16,13)

Ich will dich nicht verlassen und nicht von dir weichen. (Hebräer 13,5)

Meine Gebete werden erhört

Die Augen des HERRN merken auf die Gerechten und seine Ohren auf ihr Schreien. (Psalm 34,16)

Ich, ich tilge deine Übertretungen um meinetwillen und gedenke deiner Sünden nicht. Erinnere mich, lass uns miteinander rechten! Bringe deine Gründe vor, damit du Recht bekommst! (Jesaja 43,25-26)

Bittet, so wird euch gegeben; suchet, so werdet ihr finden; klopfet an, so wird euch aufgetan. Denn wer da bittet, der empfängt; und wer da sucht, der findet; und wer da anklopft, dem wird aufgetan. (Matthäus 7,7-8)

Wahrlich, ich sage euch auch: Wenn zwei unter euch eins werden auf Erden, worum sie bitten wollen, so soll es ihnen widerfahren von meinem Vater im Himmel. (Matthäus 18,19)

Wahrlich, ich sage euch: Wer zu diesem Berge spräche: Heb dich und wirf dich ins Meer!, und zweifelte nicht in seinem Herzen, sondern glaubte, dass geschehen werde, was er sagt, so wird's ihm geschehen. Darum sage ich euch: Alles, was ihr bittet in eurem Gebet, glaubt nur, dass ihr's empfangt, so wird's euch zuteilwerden. (Markus 11,23-24)

Wenn ihr in mir bleibt und meine Worte in euch bleiben, werdet ihr bitten, was ihr wollt, und es wird euch widerfahren. (Johannes 15,7)

Wahrlich, wahrlich, ich sage euch: Wenn ihr den Vater um etwas bitten werdet in meinem Namen, wird er's euch geben. Bisher habt ihr um nichts gebeten in meinem Namen. Bittet, so werdet ihr nehmen, dass eure Freude vollkommen sei. (Johannes 16,23-24)

Was wir bitten, werden wir von ihm empfangen; denn wir halten seine Gebote und tun, was vor ihm wohlgefällig ist. (1. Johannes 3,22)

Und wenn wir wissen, dass er uns hört, worum wir auch bitten, so wissen wir, dass wir erhalten, was wir von ihm erbeten haben.

(1. Johannes 5,15)

Darum lasst uns hinzutreten mit Zuversicht zu dem Thron der Gnade, damit wir Barmherzigkeit empfangen und Gnade finden zu der Zeit, wenn wir Hilfe nötig haben. (Hebräer 4,16)

Gott hilft bei wichtigen Entscheidungen

Der HERR ist gut und gerecht; darum weist er Sündern den Weg.

(Psalm 25,8)

Wer ist der Mann, der den HERRN fürchtet? Er wird ihm den Weg weisen, den er wählen soll. (Psalm 25,12)

Ich will dich unterweisen und dir den Weg zeigen, den du gehen sollst; ich will dich mit meinen Augen leiten. (Psalm 32,8)

Weise mir, HERR, deinen Weg, dass ich wandle in deiner Wahrheit; erhalte mein Herz bei dem einen, dass ich deinen Namen fürchte.

(Psalm 86,11)

Dein Wort ist meines Fußes Leuchte und ein Licht auf meinem Wege.

(Psalm 119,105)

Er wird deinen Fuß nicht gleiten lassen, und der dich behütet, schläft nicht. (Psalm 121,3)

Wenn eines Menschen Wege dem HERRN wohlgefallen, so lässt er auch seine Feinde mit ihm Frieden machen. (Sprüche 16,7)

Des Menschen Herz erdenkt sich seinen Weg; aber der HERR allein lenkt seinen Schritt. (Sprüche 16,9)

Deine Ohren werden hinter dir das Wort hören: »Dies ist der Weg; den geht! Sonst weder zur Rechten noch zur Linken!« (Jesaja 30,21)

Und der HERR wird dich immerdar führen und dich sättigen in der Dürre und dein Gebein stärken. Und du wirst sein wie ein bewässerter Garten und wie eine Wasserquelle, der es nie an Wasser fehlt. (Jesaja 58,11)

Wir aber haben nicht empfangen den Geist der Welt, sondern den Geist aus Gott, dass wir wissen können, was uns von Gott geschenkt ist.

(1. Korinther 2,12)

Wenn es aber jemandem unter euch an Weisheit mangelt, so bitte er Gott, der jedermann gern gibt und niemanden schilt; so wird sie ihm gegeben werden. Er bitte aber im Glauben und zweifle nicht; denn wer zweifelt, der gleicht einer Meereswoge, die vom Winde getrieben und bewegt wird. (Jakobus 1,5-6)

Gottes Führung in meinem Leben

Der HERR wird für euch streiten, und ihr werdet stille sein. (2. Mose 14,14)

Hoffe auf den HERRN und tu Gutes, bleibe im Lande und nähre dich redlich. Habe deine Lust am HERRN; der wird dir geben, was dein Herz wünscht. Befiehl dem HERRN deine Wege und hoffe auf ihn, er wird's wohlmachen und wird deine Gerechtigkeit heraufführen wie das Licht und dein Recht wie den Mittag. Sei stille dem HERRN und warte auf ihn.

(Psalm 37,3-7)

Von dem HERRN kommt es, wenn eines Mannes Schritte fest werden, und er hat Gefallen an seinem Wege. (Psalm 37,23)

Nähme ich Flügel der Morgenröte und bliebe am äußersten Meer, so würde auch dort deine Hand mich führen und deine Rechte mich halten.

(Psalm 139,9-10)

Verlass dich auf den HERRN von ganzem Herzen, und verlass dich nicht auf deinen Verstand, sondern gedenke an ihn in allen deinen Wegen, so wird er dich recht führen. Dünke dich nicht, weise zu sein, sondern fürchte den HERRN und weiche vom Bösen. Das wird deinem Leibe heilsam sein und deine Gebeine erquicken. (Sprüche 3,5-8)

Jedermanns Schritte bestimmt der HERR. Welcher Mensch versteht seinen Weg? (Sprüche 20,24)

Aber die Blinden will ich auf dem Wege leiten, den sie nicht wissen; ich will sie führen auf den Steigen, die sie nicht kennen. Ich will die Finsternis vor ihnen her zum Licht machen und das Höckerige zur Ebene. Das alles will ich tun und nicht davon lassen. (Jesaja 42,16)

Ihr Erbarmer wird sie führen und sie an die Wasserquellen leiten. Ich will alle meine Berge zum ebenen Wege machen, und meine Pfade sollen gebahnt sein. (Jesaja 49,10-11)

Denn ich weiß wohl, was ich für Gedanken über euch habe, spricht der HERR: Gedanken des Friedens und nicht des Leides, dass ich euch gebe Zukunft und Hoffnung. (Jeremia 29,11)

Wir sind sein Werk, geschaffen in Christus Jesus zu guten Werken, die Gott zuvor bereitet hat, dass wir darin wandeln sollen. (Epheser 2,10)

Gott hat die Welt in seiner Hand

Sehet nun, dass ich's allein bin und ist kein Gott neben mir! Ich kann töten und lebendig machen, ich kann schlagen und kann heilen, und niemand ist da, der aus meiner Hand errettet. (5. Mose 32,39)

Dein, HERR, ist die Majestät und Gewalt, Herrlichkeit, Sieg und Hoheit. Denn alles, was im Himmel und auf Erden ist, das ist dein. Dein, HERR, ist das Reich, und du bist erhöht zum Haupt über alles. Reichtum und Ehre kommt von dir, du herrschst über alles. In deiner Hand steht Kraft und Macht, in deiner Hand steht es, jedermann groß und stark zu machen. (1. Chronik 29,11-12)

Himmel und Erde sind dein. (Psalm 89,12)

Unser Herr ist groß und von großer Kraft, und unbegreiflich ist, wie er regiert. (Psalm 147,5)

Siehe, ich, der HERR, bin der Gott allen Fleisches, sollte mir etwas unmöglich sein? (Jeremia 32,26-27)

Und Jesus sprach zu ihnen: Mir ist gegeben alle Gewalt im Himmel und auf Erden. Darum gehet hin und machet zu Jüngern alle Völker: Taufet sie auf den Namen des Vaters und des Sohnes und des Heiligen Geistes und lehret sie halten alles, was ich euch befohlen habe. Und siehe, ich bin bei euch alle Tage bis an der Welt Ende. (Matthäus 28,18-20)

Ist Gott für uns, wer kann wider uns sein? Der auch seinen eigenen Sohn nicht verschont hat, sondern hat ihn für uns alle dahingegeben - wie sollte er uns mit ihm nicht alles schenken? (Römer 8,31-32)

Denn ich bin gewiss, dass weder Tod noch Leben, weder Engel noch Mächte noch Gewalten, weder Gegenwärtiges noch Zukünftiges, weder Hohes noch Tiefes noch eine andere Kreatur uns scheiden kann von der Liebe Gottes, die in Christus Jesus ist, unserm Herrn. (Römer 8,38-39)

Jedermann sei untertan der Obrigkeit, die Gewalt über ihn hat. Denn es ist keine Obrigkeit außer von Gott; wo aber Obrigkeit ist, die ist von Gott angeordnet. (Römer 13,1)

Ich (Jesus) bin das A und das O, der Erste und der Letzte, der Anfang und das Ende. (Offenbarung 22,13)

Gott bewahrt mich in den Angriffen Satans

Der HERR wird ihn bewahren und beim Leben erhalten. (Psalm 41,3)

Denn der HERR ist deine Zuversicht, der Höchste ist deine Zuflucht. Es wird dir kein Übel begegnen, und keine Plage wird sich deinem Hause nahen. Denn er hat seinen Engeln befohlen, dass sie dich behüten auf allen deinen Wegen. (Psalm 91,9-11)

Wahrlich, ich sage euch: Was ihr auf Erden binden werdet, soll auch im Himmel gebunden sein, und was ihr auf Erden lösen werdet, soll auch im Himmel gelöst sein. (Matthäus 18,18)

Seht, ich habe euch Macht gegeben, zu treten auf Schlangen und Skorpione, und Macht über alle Gewalt des Feindes; und nichts wird euch schaden. (Lukas 10,19)

Aber in dem allen überwinden wir weit durch den, der uns geliebt hat. Denn ich bin gewiss, dass weder Tod noch Leben, weder Engel noch Mächte noch Gewalten, weder Gegenwärtiges noch Zukünftiges, weder Hohes noch Tiefes noch eine andere Kreatur uns scheiden kann von der Liebe Gottes, die in Christus Jesus ist, unserm Herrn. (Römer 8,37-39)

Der Gott des Friedens aber wird den Satan unter eure Füße treten in Kürze. Die Gnade unseres Herrn Jesus Christus sei mit euch!

(Römer 16,20)

Er hat uns errettet von der Macht der Finsternis und hat uns versetzt in das Reich seines lieben Sohnes, in dem wir die Erlösung haben, nämlich die Vergebung der Sünden. (Kolosser 1,13-14)

Aber der Herr ist treu; der wird euch stärken und bewahren vor dem Bösen. (2. Thessalonicher 3,3)

Dazu ist erschienen der Sohn Gottes, dass er die Werke des Teufels zerstöre. (1. Johannes 3,8)

Kinder, ihr seid von Gott und habt jene überwunden; denn der in euch ist, ist größer als der, der in der Welt ist. (1. Johannes 4,4)

So seid nun Gott untertan. Widersteht dem Teufel, so flieht er von euch. Naht euch zu Gott, so naht er sich zu euch. Reinigt die Hände, ihr Sünder, und heiligt eure Herzen, ihr Wankelmütigen. (Jakobus 4,7-8)

Zweifel hat keine Chance

Gott ist nicht ein Mensch, dass er lüge, noch ein Menschenkind, dass ihn etwas gereue. Sollte er etwas sagen und nicht tun? Sollte er etwas reden und nicht halten? (4. Mose 23,19)

Aber meine Gnade will ich nicht von ihm wenden und meine Treue nicht brechen. (Psalm 89,34)

Dein Wort ist nichts als Wahrheit, alle Ordnungen deiner Gerechtigkeit währen ewiglich. (Psalm 119,160)

Ich rufe einen Adler vom Osten her, aus fernem Lande den Mann, der meinen Ratschluss ausführe. Wie ich's gesagt habe, so lasse ich's kommen; was ich geplant habe, das tue ich auch. (Jesaja 46,11)

Und der HERR sprach zu mir: Du hast recht gesehen; denn ich will wachen über meinem Wort, dass ich's tue. (Jeremia 1,12)

Ich, der HERR, wandle mich nicht. (Maleachi 3,6)

Selig sind, die nicht sehen und doch glauben! (Johannes 20,29)

Denn er zweifelte nicht an der Verheißung Gottes durch Unglauben, sondern wurde stark im Glauben und gab Gott die Ehre und wusste aufs allergewisseste: Was Gott verheißt, das kann er auch tun.

(Römer 4,20-21)

Ich vermag alles durch den, der mich mächtig macht. (Philipper 4,13)

Lasst uns festhalten an dem Bekenntnis der Hoffnung und nicht wanken; denn er ist treu, der sie verheißen hat. (Hebräer 10,23)

Treu ist er, der euch ruft; er wird's auch tun. (1. Thessalonicher 5,24)

Der Herr verzögert nicht die Verheißung, wie es einige für eine Verzögerung halten; sondern er hat Geduld mit euch und will nicht, dass jemand verloren werde, sondern dass jedermann zur Buße finde. (2. Petrus 3,9)

Denn auf alle Gottesverheißungen ist in ihm das Ja; darum sprechen wir auch durch ihn das Amen, Gott zum Lobe. Gott ist's aber, der uns fest macht samt euch in Christus und uns gesalbt und versiegelt und in unsre Herzen als Unterpfand den Geist gegeben hat. (2. Korinther 1,20-22)

Wenn Angst mich quälen möchten

Erhöre mich, wenn ich rufe, Gott meiner Gerechtigkeit, der du mich tröstest in Angst; sei mir gnädig und erhöre mein Gebet! (Psalm 4,2)

Wenn die Gerechten schreien, so hört der HERR und errettet sie aus all ihrer Not. Der HERR ist nahe denen, die zerbrochenen Herzens sind, und hilft denen, die ein zerschlagenes Gemüt haben. (Psalm 34,18-19)

Vor schlimmer Kunde fürchtet er sich nicht; sein Herz hofft unverzagt auf den HERRN. (Psalm 112,7)

Wenn ich mitten in der Angst wandle, so erquickest du mich und reckst deine Hand gegen den Zorn meiner Feinde und hilfst mir mit deiner Rechten. (Psalm 138,7)

Es wird nicht dunkel bleiben über denen, die in Angst sind. (Jesaja 8,23)

Fürchte dich nicht, ich bin mit dir; weiche nicht, denn ich bin dein Gott. Ich stärke dich, ich helfe dir auch, ich halte dich durch die rechte Hand meiner Gerechtigkeit. (Jesaja 41,10)

Dann wirst du rufen und der HERR wird dir antworten. Wenn du schreist, wird er sagen: Siehe, hier bin ich. Wenn du in deiner Mitte niemand unterjochst und nicht mit Fingern zeigst und nicht übel redest, sondern den Hungrigen dein Herz finden lässt und den Elenden sättigst, dann wird dein Licht in der Finsternis aufgehen, und dein Dunkel wird sein wie der Mittag. (Jesaja 58,9-10)

Ich rief zu dem HERRN in meiner Angst und er antwortete mir. (Jona 2,3)

Und Jesus trat herzu und sprach zu ihnen: Mir ist gegeben alle Gewalt im Himmel und auf Erden. [...] Und siehe, ich bin bei euch alle Tage bis an der Welt Ende. (Matthäus 28,18+20)

Fürchte dich nicht, du kleine Herde! Denn es hat eurem Vater wohlgefallen, euch das Reich zu geben. (Lukas 12,32)

In der Welt habt ihr Angst; aber seid getrost, ich habe die Welt überwunden. (Johannes 16,33)

Wer will uns scheiden von der Liebe Christi? Trübsal oder Angst oder Verfolgung oder Hunger? (Römer 8,35)

Frieden für meine Seele

Großen Frieden haben, die dein Gesetz lieben; sie werden nicht straucheln. (Psalm 119,165)

Wer festen Herzens ist, dem bewahrst du Frieden; denn er verlässt sich auf dich. Darum verlasst euch auf den HERRN immerdar; denn Gott der HERR ist ein Fels ewiglich. (Jesaja 26,3-4)

Kommt her zu mir, alle, die ihr mühselig und beladen seid; ich will euch erquicken. Nehmt auf euch mein Joch und lernt von mir; denn ich bin sanftmütig und von Herzen demütig; so werdet ihr Ruhe finden für eure Seelen. (Matthäus 11,28-29)

Den Frieden lasse ich euch, meinen Frieden gebe ich euch. Nicht gebe ich euch, wie die Welt gibt. Euer Herz erschrecke nicht und fürchte sich nicht. (Johannes 14,27)

Das habe ich mit euch geredet, damit ihr in mir Frieden habt. In der Welt habt ihr Angst; aber seid getrost, ich habe die Welt überwunden.

(Johannes 16,33)

Da wir nun gerecht geworden sind durch den Glauben, haben wir Frieden mit Gott durch unsern Herrn Jesus Christus. (Römer 5,1)

Ist's möglich, soviel an euch liegt, so habt mit allen Menschen Frieden.

(Römer 12,18)

Zum Frieden hat euch Gott berufen. (1. Korinther 7,15)

Und der Friede Gottes, der höher ist als alle Vernunft, bewahre eure Herzen und Sinne in Christus Jesus. (Philipper 4,7)

Er aber, der Gott des Friedens, heilige euch durch und durch und bewahre euren Geist samt Seele und Leib unversehrt, untadelig für die Ankunft unseres Herrn Jesus Christus. Treu ist er, der euch ruft; er wird's auch tun. (1. Thessalonicher 5,23-24)

Er aber, der Herr des Friedens, gebe euch Frieden allezeit und auf alle Weise. Der Herr sei mit euch allen! (2. Thessalonicher 3,16)

Die Frucht der Gerechtigkeit aber wird gesät in Frieden für die, die Frieden stiften. (Jakobus 3,18)

Bewahrung in Versuchungen

Denn er errettet dich vom Strick des Jägers und von der verderblichen Pest. (Psalm 91,3)

Wachet und betet, dass ihr nicht in Anfechtung fallt! Der Geist ist willig; aber das Fleisch ist schwach. (Matthäus 26,41)

Ich aber habe für dich gebeten, dass dein Glaube nicht aufhöre.

(Lukas 22,32)

Ich bitte dich nicht, dass du sie aus der Welt nimmst, sondern dass du sie bewahrst vor dem Bösen. (Johannes 17,15)

Aber in dem allen überwinden wir weit durch den, der uns geliebt hat.

(Römer 8,37)

Bisher hat euch nur menschliche Versuchung getroffen. Aber Gott ist treu, der euch nicht versuchen lässt über eure Kraft, sondern macht, dass die Versuchung so ein Ende nimmt, dass ihr's ertragen könnt.

(1. Korinther 10,13)

Darum, meine lieben Brüder, seid fest, unerschütterlich und nehmt immer zu in dem Werk des Herrn, weil ihr wisst, dass eure Arbeit nicht vergeblich ist in dem Herrn. (1. Korinther 15,58)

Der Herr weiß die Frommen aus der Versuchung zu erretten, die Ungerechten aber festzuhalten für den Tag des Gerichts, um sie zu strafen.

(2. Petrus 2,9)

Denn worin er selber gelitten hat und versucht worden ist, kann er helfen denen, die versucht werden. (Hebräer 2,18)

Selig ist der Mann, der die Anfechtung erduldet; denn nachdem er bewährt ist, wird er die Krone des Lebens empfangen, die Gott verheißen hat denen, die ihn lieb haben. Niemand sage, wenn er versucht wird, dass er von Gott versucht werde. Denn Gott kann nicht versucht werden zum Bösen, und er selbst versucht niemand. Sondern ein jeder, der versucht wird, wird von seinen eigenen Begierden gereizt und gelockt.

(Jakobus 1,12-14)

Wer überwindet, der wird es alles ererben, und ich werde sein Gott sein und er wird mein Sohn sein. (Offenbarung 21,7)

Gott schenkt mir Freude

Hoheit und Pracht sind vor ihm, Macht und Freude in seinem Heiligtum. (1. Chronik 16,27)

Und seid nicht bekümmert; denn die Freude am HERRN ist eure Stärke. (Nehemia 8,10)

Du tust mir kund den Weg zum Leben: Vor dir ist Freude die Fülle und Wonne zu deiner Rechten ewiglich. (Psalm 16,11)

Die auf ihn sehen, werden strahlen vor Freude, und ihr Angesicht soll nicht schamrot werden. (Psalm 34,6)

Das ist meines Herzens Freude und Wonne, wenn ich dich mit fröhlichem Munde loben kann. (Psalm 63,6)

Aber das ist meine Freude, dass ich mich zu Gott halte und meine Zuversicht setze auf Gott, den HERRN, dass ich verkündige all dein Tun. (Psalm 73,28)

Das Warten der Gerechten wird Freude werden; aber der Gottlosen Hoffnung wird verloren sein. (Sprüche 10,28)

Dein Wort ward meine Speise, sooft ich's empfing, und dein Wort ist meines Herzens Freude und Trost; denn ich bin ja nach deinem Namen genannt, HERR, Gott Zebaoth. (Jeremia 15,16)

Das sage ich euch, damit meine Freude in euch bleibe und eure Freude vollkommen werde. (Johannes 15,11)

Und auch ihr habt nun Traurigkeit; aber ich will euch wiedersehen, und euer Herz soll sich freuen, und eure Freude soll niemand von euch nehmen [...] Wahrlich, wahrlich, ich sage euch: Wenn ihr den Vater um etwas bitten werdet in meinem Namen, wird er's euch geben. Bisher habt ihr um nichts gebeten in meinem Namen. Bittet, so werdet ihr nehmen, dass eure Freude vollkommen sei. (Johannes 16,22-24)

Denn das Reich Gottes ist nicht Essen und Trinken, sondern Gerechtigkeit und Friede und Freude in dem Heiligen Geist. (Römer 14,17)

Die Frucht aber des Geistes ist Liebe, Freude, Friede, Geduld, Freundlichkeit, Güte, Treue, Sanftmut, Selbstbeherrschung. (Galater 5,22-23)

Gott beschützt mich und hilft mir

Und siehe, ich bin mit dir und will dich behüten, wo du hinziehst, und will dich wieder herbringen in dies Land. Denn ich will dich nicht verlassen, bis ich alles tue, was ich dir zugesagt habe. (1. Mose 28,15)

Du bist mein Schirm, du wirst mich vor Angst behüten, dass ich errettet gar fröhlich rühmen kann. »Ich will dich unterweisen und dir den Weg zeigen, den du gehen sollst; ich will dich mit meinen Augen leiten.«

(Psalm 32,7)

Der Engel des HERRN lagert sich um die her, die ihn fürchten, und hilft ihnen heraus. Schmecket und sehet, wie freundlich der HERR ist. Wohl dem, der auf ihn trauet! (Psalm 34,8-9)

Gott ist unsre Zuversicht und Stärke, eine Hilfe in den großen Nöten, die uns getroffen haben. (Psalm 46,2)

Wer unter dem Schirm des Höchsten sitzt und unter dem Schatten des Allmächtigen bleibt, der spricht zu dem HERRN: Meine Zuversicht und meine Burg, mein Gott, auf den ich hoffe. (Psalm 91,1-2)

Wie um Jerusalem Berge sind, so ist der HERR um sein Volk her von nun an bis in Ewigkeit. (Psalm 125,2)

Wenn ich mitten in der Angst wandle, so erquickest du mich und reckst deine Hand gegen den Zorn meiner Feinde und hilfst mir mit deiner Rechten. Der HERR wird meine Sache hinausführen. HERR, deine Güte ist ewig. Das Werk deiner Hände wollest du nicht lassen.

(Psalm 138,7-8)

Denn ich bin gewiss, dass weder Tod noch Leben, weder Engel noch Mächte noch Gewalten, weder Gegenwärtiges noch Zukünftiges, weder Hohes noch Tiefes noch eine andere Kreatur uns scheiden kann von der Liebe Gottes, die in Christus Jesus ist, unserm Herrn. (Römer 8,38-39)

Aus diesem Grund leide ich dies alles; aber ich schäme mich dessen nicht; denn ich weiß, an wen ich glaube, und bin gewiss, er kann mir bewahren, was mir anvertraut ist, bis an jenen Tag. (2. Timotheus 1,12)

Und wer ist's, der euch schaden könnte, wenn ihr dem Guten nacheifert? (1. Petrus 3,13)

Heilung

Ich bin der HERR, dein Arzt. (2. Mose 15,26)

Er heilt, die zerbrochenen Herzens sind, und verbindet ihre Wunden.

(Psalm 147,3)

Fürwahr, er trug unsre Krankheit und lud auf sich unsre Schmerzen. Wir aber hielten ihn für den, der geplagt und von Gott geschlagen und gemartert wäre. Aber er ist um unsrer Missetat willen verwundet und um unsrer Sünde willen zerschlagen. Die Strafe liegt auf ihm, auf dass wir Frieden hätten, und durch seine Wunden sind wir geheilt. (Jesaja 53,4-5)

Aber dich will ich wieder gesund machen und deine Wunden heilen, spricht der HERR. (Jeremia 30,17)

Siehe, ich will sie heilen und gesund machen und will ihnen dauernden Frieden gewähren. (Jeremia 33,6)

Es wird das Unglück nicht zweimal kommen. (Nahum 1,9)

Die Zeichen aber, die folgen werden denen, die da glauben, sind diese: In meinem Namen werden sie böse Geister austreiben, in neuen Zungen reden, Schlangen mit den Händen hochheben, und wenn sie etwas Tödliches trinken, wird's ihnen nicht schaden; auf Kranke werden sie die Hände legen, so werden sie genesen. (Markus 16,17-18)

Lass dir an meiner Gnade genügen; denn meine Kraft ist in den Schwachen mächtig. Darum will ich mich am allerliebsten rühmen meiner Schwachheit, damit die Kraft Christi bei mir wohne. (2. Korinther 12,9)

Der unsre Sünde selbst hinaufgetragen hat an seinem Leibe auf das Holz, damit wir, der Sünde abgestorben, der Gerechtigkeit leben. Durch seine Wunden seid ihr heil geworden. (1. Petrus 2,24)

Ist jemand unter euch krank, der rufe zu sich die Ältesten der Gemeinde, dass sie über ihm beten und ihn salben mit Öl in dem Namen des Herrn. Und das Gebet des Glaubens wird den Kranken heilen, und der Herr wird ihn aufrichten; und wenn er Sünden getan hat, wird ihm vergeben werden. Bekennt also einander eure Sünden und betet füreinander, dass ihr gesund werdet. Des Gerechten Gebet vermag viel, wenn es ernstlich ist. (Jakobus 5,14-16)

Einsamkeit

Ich habe den HERRN allezeit vor Augen; steht er mir zur Rechten, so werde ich festbleiben. (Psalm 16,8)

Wende dich zu mir und sei mir gnädig; denn ich bin einsam. (Psalm 25,16)

Denn mein Vater und meine Mutter verlassen mich, aber der HERR nimmt mich auf. (Psalm 27,10)

Denn der HERR hat das Recht lieb und verlässt seine Heiligen nicht. Ewiglich werden sie bewahrt, aber das Geschlecht der Gottlosen wird ausgerottet. (Psalm 37,28)

Ich, der HERR, habe dich gerufen in Gerechtigkeit und halte dich bei der Hand und behüte dich und mache dich zum Bund für das Volk, zum Licht der Heiden. (Jesaja 42,6)

Fürchte dich nicht, denn ich habe dich erlöst; ich habe dich bei deinem Namen gerufen; du bist mein! (Jesaja 43,1)

Wahrlich, ich sage euch auch: Wenn zwei unter euch eins werden auf Erden, worum sie bitten wollen, so soll es ihnen widerfahren von meinem Vater im Himmel. Denn wo zwei oder drei versammelt sind in meinem Namen, da bin ich mitten unter ihnen. (Matthäus 18,19-20)

Siehe, ich bin bei euch alle Tage bis an der Welt Ende. (Matthäus 28,20)

Wie du, Vater, in mir bist und ich in dir, so sollen auch sie in uns sein, damit die Welt glaube, dass du mich gesandt hast. (Johannes 17,21)

Wenn wir aber im Licht wandeln, wie er im Licht ist, so haben wir Gemeinschaft untereinander. (1. Johannes 1,7)

Lasst uns aufeinander Acht haben und uns anreizen zur Liebe und zu guten Werken und nicht verlassen unsre Versammlungen, wie einige zu tun pflegen, sondern einander ermahnen, und das umso mehr, als ihr seht, dass sich der Tag naht. (Hebräer 10,24-25)

Ich will dich nicht verlassen und nicht von dir weichen. (Hebräer 13,5)

Siehe, ich stehe vor der Tür und klopfe an. Wenn jemand meine Stimme hören wird und die Tür auftun, zu dem werde ich hineingehen und das Abendmahl mit ihm halten und er mit mir. (Offenbarung 3,20)

Geduld

Sei stille dem HERRN und warte auf ihn. Entrüste dich nicht über den, dem es gut geht, der seinen Mutwillen treibt. Steh ab vom Zorn und lass den Grimm, entrüste dich nicht, damit du nicht Unrecht tust. Denn die Bösen werden ausgerottet; die aber des HERRN harren, werden das Land erben. (Psalm 37,7-9)

Es ist ein köstlich Ding, geduldig sein und auf die Hilfe des HERRN hoffen. (Klagelieder 3,26)

Seid standhaft und ihr werdet euer Leben gewinnen. (Lukas 21,19)

Nicht allein aber das, sondern wir rühmen uns auch der Bedrängnisse, weil wir wissen, dass Bedrängnis Geduld bringt, Geduld aber Bewährung, Bewährung aber Hoffnung, Hoffnung aber lässt nicht zuschanden werden; denn die Liebe Gottes ist ausgegossen in unsre Herzen durch den Heiligen Geist, der uns gegeben ist. (Römer 5,3-5)

Der Gott aber der Geduld und des Trostes gebe euch, dass ihr einträchtig gesinnt seid untereinander, Christus Jesus gemäß, damit ihr einmütig mit einem Munde Gott lobt, den Vater unseres Herrn Jesus Christus.

(Römer 15,5-6)

Die Frucht aber des Geistes ist Liebe, Freude, Friede, Geduld, Freundlichkeit, Güte, Treue, Sanftmut, Selbstbeherrschung. (Galater 5,22-23)

Der Herr verzögert nicht die Verheißung, wie es einige für eine Verzögerung halten; sondern er hat Geduld mit euch und will nicht, dass jemand verloren werde, sondern dass jedermann zur Buße finde. (2. Petrus 3,9)

Geduld aber habt ihr nötig, damit ihr den Willen Gottes tut und das Verheißene empfangt. (Hebräer 10,36)

Meine lieben Brüder, erachtet es für lauter Freude, wenn ihr in mancherlei Anfechtungen fallt, und wisst, dass euer Glaube, wenn er bewährt ist, Geduld wirkt. Die Geduld aber soll ihr Werk tun bis ans Ende, damit ihr vollkommen und unversehrt seid und kein Mangel an euch sei.

(Jakobus 1,2-4)

Weil du mein Wort von der Geduld bewahrt hast, will auch ich dich bewahren vor der Stunde der Versuchung. (Offenbarung 3,10)

Wenn mich Menschen verletzen

Ihr habt gehört, dass gesagt ist (2. Mose 21,24): »Auge um Auge, Zahn um Zahn.« Ich aber sage euch, dass ihr nicht widerstreben sollt dem Übel, sondern: wenn dich jemand auf deine rechte Backe schlägt, dem biete die andere auch dar. Und wenn jemand mit dir rechten will und dir deinen Rock nehmen, dem lass auch den Mantel. Und wenn dich jemand nötigt, eine Meile mitzugehen, so geh mit ihm zwei. (Matthäus 5,38-42)

Vergib uns unsere Schuld, wie auch wir vergeben unsern Schuldigern.

(Matthäus 6,12)

Liebt eure Feinde; tut wohl denen, die euch hassen; segnet, die euch verfluchen; bittet für die, die euch beleidigen. (Lukas 6,27-28)

Vergeltet niemandem Böses mit Bösem. Seid auf Gutes bedacht gegenüber jedermann. Ist's möglich, soviel an euch liegt, so habt mit allen Menschen Frieden. (Römer 12,17-18)

Vielmehr, »wenn deinen Feind hungert, gib ihm zu essen; dürstet ihn, gib ihm zu trinken. Wenn du das tust, so wirst du feurige Kohlen auf sein Haupt sammeln« (Sprüche 25,21-22). Lass dich nicht vom Bösen überwinden, sondern überwinde das Böse mit Gutem. (Römer 12,20-21)

So zieht nun an als die Auserwählten Gottes, als die Heiligen und Geliebten, herzliches Erbarmen, Freundlichkeit, Demut, Sanftmut, Geduld; und ertrage einer den andern und vergebt euch untereinander, wenn jemand Klage hat gegen den andern; wie der Herr euch vergeben hat, so vergebt auch ihr! (Kolosser 3,12-13)

Endlich aber seid allesamt gleich gesinnt, mitleidig, brüderlich, barmherzig, demütig. Vergeltet nicht Böses mit Bösem oder Scheltwort mit Scheltwort, sondern segnet vielmehr, weil ihr dazu berufen seid, dass ihr den Segen ererbt. (1. Petrus 3,8-9)

Vor allen Dingen habt untereinander beständige Liebe; denn »die Liebe deckt auch der Sünden Menge« (Sprüche 10,12). Seid gastfrei untereinander ohne Murren. Und dient einander, ein jeder mit der Gabe, die er empfangen hat, als die guten Haushalter der mancherlei Gnade Gottes.

(1. Petrus 4,8-10)

Lasst uns lieben, denn er hat uns zuerst geliebt. (1. Johannes 4,19)

Jesus ähnlicher werden

Lernt Gutes tun, trachtet nach Recht, helft den Unterdrückten, schafft den Waisen Recht, führt der Witwen Sache! (Jesaja 1,17)

Darin übe ich mich, allezeit ein unverletztes Gewissen zu haben vor Gott und den Menschen. (Apostelgeschichte 24,16)

Ich ermahne euch nun, liebe Brüder, durch die Barmherzigkeit Gottes, dass ihr eure Leiber hingebt als ein Opfer, das lebendig, heilig und Gott wohlgefällig ist. Das sei euer vernünftiger Gottesdienst. Und stellt euch nicht dieser Welt gleich, sondern ändert euch durch Erneuerung eures Sinnes, damit ihr prüfen könnt, was Gottes Wille ist, nämlich das Gute und Wohlgefällige und Vollkommene. (Römer 12,1-2)

Lasst uns aber Gutes tun und nicht müde werden; denn zu seiner Zeit werden wir auch ernten, wenn wir nicht nachlassen. Darum, solange wir noch Zeit haben, lasst uns Gutes tun an jedermann, allermeist aber an des Glaubens Genossen. (Galater 6,9-10)

Alle Bitterkeit und Grimm und Zorn und Geschrei und Lästerung seien fern von euch samt aller Bosheit. Seid aber untereinander freundlich und herzlich und vergebt einer dem andern, wie auch Gott euch vergeben hat in Christus. (Epheser 4,31-32)

So folgt nun Gottes Beispiel als die geliebten Kinder und lebt in der Liebe, wie auch Christus uns geliebt hat und hat sich selbst für uns gegeben als Gabe und Opfer, Gott zu einem lieblichen Geruch. Von Unzucht aber und jeder Art Unreinheit oder Habsucht soll bei euch nicht einmal die Rede sein, wie es sich für die Heiligen gehört. (Epheser 5,1-2)

Tut nichts aus Eigennutz oder um eitler Ehre willen, sondern in Demut achte einer den andern höher als sich selbst, und ein jeder sehe nicht auf das Seine, sondern auch auf das, was dem andern dient. Seid so unter euch gesinnt, wie es auch der Gemeinschaft in Christus Jesus entspricht. (Philipper 2,3-5)

Aber ohne Glauben ist's unmöglich, Gott zu gefallen; denn wer zu Gott kommen will, der muss glauben, dass er ist und dass er denen, die ihn suchen, ihren Lohn gibt. (Hebräer 11,6)

Jesus kommt wieder

Aber ich weiß, dass mein Erlöser lebt, und als der Letzte wird er über dem Staub sich erheben. (Hiob 19,25)

Und seine Füße werden stehen zu der Zeit auf dem Ölberg, der vor Jerusalem liegt nach Osten hin. Und der Ölberg wird sich in der Mitte spalten, vom Osten bis zum Westen, sehr weit auseinander, sodass die eine Hälfte des Berges nach Norden und die andere nach Süden weichen wird. (Sacharja 14,4)

Denn wie der Blitz ausgeht vom Osten und leuchtet bis zum Westen, so wird auch das Kommen des Menschensohns sein. (Matthäus 24,27)

Und dann wird erscheinen das Zeichen des Menschensohns am Himmel. Und dann werden wehklagen alle Geschlechter auf Erden und werden sehen den Menschensohn kommen auf den Wolken des Himmels mit großer Kraft und Herrlichkeit. Und er wird seine Engel senden mit hellen Posaunen, und sie werden seine Auserwählten sammeln von den vier Winden, von einem Ende des Himmels bis zum andern.

(Matthäus 24,30-31)

Jesus aber sprach: Ich bin's; und ihr werdet sehen den Menschensohn sitzen zur Rechten der Kraft und kommen mit den Wolken des Himmels.

(Markus 14,62)

Ihr habt gehört, dass ich euch gesagt habe: Ich gehe hin und komme wieder zu euch. Hättet ihr mich lieb, so würdet ihr euch freuen, dass ich zum Vater gehe; denn der Vater ist größer als ich. (Johannes 14,28)

Wir warten auf die selige Hoffnung und Erscheinung der Herrlichkeit des großen Gottes und unseres Heilands Jesus Christus. (Titus 2,13)

So ist auch Christus einmal geopfert worden, die Sünden vieler wegzunehmen; zum zweiten Mal wird er nicht der Sünde wegen erscheinen, sondern denen, die auf ihn warten, zum Heil. (Hebräer 9,28)

Ich bin das A und das O, spricht Gott der Herr, der da ist und der da war und der da kommt, der Allmächtige. (Offenbarung 1,7)

Siehe, ich komme bald. Selig ist, der die Worte der Weissagung in diesem Buch bewahrt. (Offenbarung 22,7)

Die Toten werden auferstehen

Wundert euch darüber nicht. Denn es kommt die Stunde, in der alle, die in den Gräbern sind, seine Stimme hören werden und werden hervorgehen, die Gutes getan haben, zur Auferstehung des Lebens, die aber Böses getan haben, zur Auferstehung des Gerichts. (Johannes 5,28-29)

Denn das ist der Wille meines Vaters, dass, wer den Sohn sieht und glaubt an ihn, das ewige Leben habe; und ich werde ihn auferwecken am Jüngsten Tage. (Johannes 6,40)

Jesus spricht zu ihr: Ich bin die Auferstehung und das Leben. Wer an mich glaubt, der wird leben, auch wenn er stirbt; und wer da lebt und glaubt an mich, der wird nimmermehr sterben. Glaubst du das?
(Johannes 11,25-26)

Wenn nun der Geist dessen, der Jesus von den Toten auferweckt hat, in euch wohnt, so wird er, der Christus von den Toten auferweckt hat, auch eure sterblichen Leiber lebendig machen durch seinen Geist, der in euch wohnt. (Römer 8,11)

Siehe, ich sage euch ein Geheimnis: Wir werden nicht alle entschlafen, wir werden aber alle verwandelt werden; und das plötzlich, in einem Augenblick, zur Zeit der letzten Posaune. Denn es wird die Posaune erschallen und die Toten werden auferstehen unverweslich, und wir werden verwandelt werden. (1. Korinther 15,51-52)

Denn wir wissen, dass der, der den Herrn Jesus auferweckt hat, wird uns auch auferwecken mit Jesus und wird uns vor sich stellen samt euch. (2. Korinther 4,14)

Denn er selbst, der Herr, wird, wenn der Befehl ertönt, wenn die Stimme des Erzengels und die Posaune Gottes erschallen, herabkommen vom Himmel, und zuerst werden die Toten, die in Christus gestorben sind, auferstehen. Danach werden wir, die wir leben und übrig bleiben, zugleich mit ihnen entrückt werden auf den Wolken in die Luft, dem Herrn entgegen; und so werden wir bei dem Herrn sein allezeit. So tröstet euch mit diesen Worten untereinander. (1. Thessalonicher 4,16-18)

Und wie den Menschen bestimmt ist, einmal zu sterben, danach aber das Gericht. (Hebräer 9,27)

Biblische Meditation

„Und lass das Buch dieses Gesetzes nicht von deinem Munde kommen, sondern betrachte es Tag und Nacht, dass du hältst und tust in allen Dingen nach dem, was darin geschrieben steht. Dann wird es dir auf deinen Wegen gelingen und du wirst es recht ausrichten." (Josua 1,8)

Um aus den Inhalten dieses Büchleins einen möglichst großen Nutzen für sich selbst ziehen zu können, ermutige ich Sie, mit einem Stift in der Hand zu lesen, Schlüsselstellen zu unterstreichen und Notizen darüber zu machen, was Ihnen der Geist Gottes durch sein Wort sagt. Nehmen Sie sich die Zeit, jede Bibelstelle auch im Gespräch mit Gott zu reflektieren. Man nennt dies auch Gebet.

Wenn Sie die Bibel lesen und Ihnen ein Vers „entgegen springt", Ihnen also förmlich ins Auge sticht, dann könnte es sein, dass Gott Ihnen mitteilen möchte: „Das ist ein Wort für deine derzeitige Situation". In solchen Fällen spricht man von persönlicher Offenbarung oder Erkenntnis. Für einen Menschen, der an Jesus glaubt, sind dies sehr kostbare Erlebnisse. Damit auch Sie dies erleben können, habe ich im Folgenden sieben Schritte für Sie aufgelistet, die es Ihnen ermöglichen können, solche Erkenntnis(se) zu erlangen, wann immer Sie die Bibel lesen, bzw. darüber meditieren.

Wenn Sie diesen Schritten folgen, können Ihnen Wahrheiten und Einsichten aufgehen, und ein Verständnis davon, wie sich Ihr Leben nach Gottes Vorstellungen verändern könnte. All dies durchdringt Ihren Geist und Ihre Seele. Mit der Zeit werden Sie sich nach diesem Erlebnis sehnen, jedes Mal wenn Sie die Bibel lesen.

Bereiten Sie sich deshalb vor, indem Sie die folgenden sieben Schritte umsetzen. Reflektieren Sie diese Schritte im Gebet und finden Sie heraus, welche Sie derzeit schon verwenden und welche nicht. Danach stellen Sie bitte sicher, dass Sie mit der Zeit alle Schritte anwenden können, auch während Ihrer ganz normalen Zeit mit Gott.

Erläuterung der sieben Schritte biblischer Meditation[5]

1. *Herr, mache mir bewusst, dass ich durch dein Blut gereinigt bin.* Da der Empfang göttlicher Offenbarung im Zentrum der biblischen Meditation liegt, müssen Sie sich darauf vorbereiten, vom Heiligen Geist zu empfangen, indem Sie sie sich der Vergebung Ihrer Sünden durch das Blut des Lammes bewusst sind (1. Johannes 1,7). Der Heilige Geist wird Sie in der Meditation leiten und Ihnen sein Wort offenbaren (Johannes 14,26).

2. *Herr, mache mich belehrbar:* Offenbarungen werden den Demütigen gegeben, und den Stolzen und Hochmütigen vorenthalten. Daher seien Sie vor Gott offen und demütig - geben Sie ihm die Freiheit, Ihnen für Ihre aktuelle Situation mehr Licht zu geben und Sie nach seinem Ermessen zu verändern (Jakobus 4,6; 2. Petrus 1,19).

3. *Herr, ich werde meine Kräfte nicht selbst nutzen:* Sie vermögen nichts aus eigener Initiative zu tun, sondern nur das, was Sie durch den Geist hören und sehen (Johannes 5,19-20+30). Sie haben Ihren Verstand nicht, um ihn selbst zu nutzen, sondern um ihn Gott darzubieten, damit er ihn nutzen und mit gesalbter Logik und göttlicher Vision füllen kann (Sprüche 3,5-7; Römer 12,1-2). Wenn Sie Ihren Verstand selbst nutzen, ist das ein totes Werk (Hebräer 6,1-2).

4. *Herr, ich bete, dass die Augen meines Herzens geöffnet werden mögen:* Lesen Sie Bibeltexte langsam, denken Sie immer wieder mit Herz und Verstand über den Text nach und bleiben Sie dabei in der Erwartung, dass Gott Ihnen seinen Geist der Weisheit und Offenbarung in der Erkenntnis seiner selbst geben wird (Epheser 1,17-18; Psalm 119,18).

5. *Herr, ich bringe dir meine logische Denkfähigkeit und Vorstellungskraft, damit du sie erfüllst und mit deinem Geist durchströmst:* Meditation beinhaltet, dass Sie Gott Ihre Fähigkeiten darbringen, damit er sie erfüllt und nutzt. Das schließt das logische Denkvermögen der linken wie auch die visuellen Fähigkeiten der rechten Gehirnhälfte ein. Halten Sie nach dem Fluss Gottes („dem Fluss des Geistes") Ausschau, beide Seiten des Gehirns zu leiten und zu erfüllen, und

---

[5] Vgl. Virkler, Mark: Gebete, die das Herz heilen, Gemeinschaft mit Gott Dienste 2013, 145-147.

Ihnen gesalbtes logisches Denken, Träume und Visionen zu geben. Beim Entdeckungsprozess kann Musik und auch Murmeln, Sprechen und Schreiben helfen (Johannes 7,37-39).

6. *Herr, zeige mir die Lösung für mein Problem:* Wenn man sich aufmerksam auf ein Problem konzentriert, werden in Herz und Verstand zusätzliche, konzentrierte Energien freigesetzt, was die Offenbarung beschleunigt. Denken Sie z.B. an den Unterschied zwischen einem Sonnenstrahl, der auf ein Stück Papier scheint, und einem Strahl, der durch ein Vergrößerungsglas auf das Papier fällt. Die gebündelte Energie schafft einen so konzentrierten Strahl, dass auf dem Papier ein Feuer ausbricht. Wenn Sie bildungshungrig sind und eine neue Disziplin verstehen und beherrschen möchten, wird Sie Ihr suchendes, hungriges Herz veranlassen, Dinge zu sehen, die Sie normalerweise nicht sehen würden (Matthäus 5,6).

7. *Danke, Herr, für das, was du mir gezeigt hast:* In der Erkenntnis, dass die Offenbarung vom innewohnenden Heiligen Geist kam, geben Sie Gott die Ehre für das, was offenbart wurde (Epheser 3,21).

Vermeiden Sie:	Tun Sie Folgendes:
NUR LINKE GEHIRNHÄLFTE NUTZEN STUDIEREN / RATIONALER HUMANISMUS	GANZES GEHIRN / HERZ NUTZEN MEDITATION / GÖTTLICHE OFFENBARUNG
1. Verborgene Sünden	1. Seien Sie sich der Vergebung Ihrer Sünden, durch das Blut Jesu, bewusst
2. Eine voreingenommene Einstellung	2. Seien Sie belehrbar
3. Unabhängigkeit: „Ich kann…"	3. Beten Sie: „Herr, zeige mir…"
4. Schnell zu lesen	4. Lesen Sie langsam, nachdenklich, erwartungsvoll…
5. Sich nur auf Verstand und Analyse zu verlassen	5. Kombinieren Sie gesalbte Vernunft, fließende Bilder, Musik und Sprache

Vermeiden Sie:	Tun Sie Folgendes:
6. Absichtslos zu lesen	6. Lesen Sie bewusst
7. Sich Einsichten selbst anzurechnen	7. Verherrlichen Sie Gott für Ihnen geschenkte Einsichten

Die hebräische und griechische Definition von „Meditation"

Nach Strongs ausführlicher Konkordanz liegen den Wörtern „meditieren" und „Meditation" mehrere hebräische und griechische Wörter im Alten und Neuen Testament zugrunde. Strong gibt ihnen im Alten Testament die Nummern 1897, 1900, 1901, 1902, 7878, 7879, 7881 und im Neuen Testament die Nummern 3191 und 4304.

Die wörtliche Bedeutung von „meditieren" und „Meditation" ist laut Strong: „Murmeln, mit sich selbst (laut) reden, sprechen, reden, plappern, Kommunikation, sich aufregen, laut schreien, trauern, ein murmelndes Geräusch, eine musikalische Bezeichnung, studieren, nachdenken, hin und her überlegen, sich vorstellen, beten, Gebet, Besinnung, Andacht".

Davon sind die folgenden Funktionen der linken Gehirnhälfte zuzuordnen: „Studieren, hin und her überlegen, murmeln, sich unterhalten, sprechen, reden, Kommunikation" (Man beachte: Logik und Sprache gehören der linken Hälfte an).

Der rechten Gehirnhälfte sind zuzuordnen: „Sich etwas vorstellen, eine musikalische Bezeichnung, trauern, plappern" (Anmerkung: Experimente des Fuller Theologischen Seminars haben ergeben, dass das Zungenreden in der rechten Gehirnhälfte stattfindet. Bilder, Musik und Gefühle sind ebenfalls Funktionen der rechten Hälfte).

Dem Herzen sind zuzuordnen: „Beten, Gebet, Andacht, Besinnung, Nachdenken" (erleuchtete Logik fügt dem logischen Prozess den Fluss des Heiligen Geistes hinzu - Epheser 1,17-18).

Die Meditation ist ein Prozess beider Gehirnhälften und des Herzens, während das Studieren oft nur links geschieht

Wenn Sie Menschen fragen, die beim Nachdenken vorzugsweise die linke Gehirnhälfte nutzen, ob sie die Bibel studieren, indem sie häufig ihre Vorstellungskraft verwenden, werden Sie in der Regel ein etwas verwundertes „Nein" als Antwort erhalten.

Fragen Sie jedoch Menschen, die überwiegend die rechte Gehirnhälfte einsetzen, ob sie die Bibel studieren, indem sie häufig Ihre Vorstellungskraft verwenden, werden Sie in der Regel ein fröhliches „Ja" als Antwort erhalten.

Können Sie sehen, dass eine Person, die von der linken Gehirnhälfte dominiert ist, die Bibel anders studieren wird als jemand, der überwiegend seine rechte Gehirnhälfte einsetzt? Wir übersehen das leicht, weil wir annehmen, dass alle anderen Leute so wie wir studieren. Das stimmt aber nicht.

Menschen, bei denen die linke Gehirnhälfte dominiert, verwenden hauptsächlich Logik, Vernunft und Analyse. Menschen, bei denen die rechte Gehirnhälfte dominiert, studieren (oder wir könnten sagen, meditieren) hauptsächlich unter Zuhilfenahme von Bildern und Vorstellungskraft, zusammen mit Vernunft, Analyse, Sprache und Gesang.

Buße fürs Studieren

Bei der Meditation wird demnach das gesamte Gehirn vom innewohnenden Heiligen Geist geleitet, während beim Studieren hauptsächlich das linke Gehirn genutzt und vom Menschen gesteuert wird.

Was für eine überraschende Einsicht, besonders wenn einem aufgeht, dass die Bibel im Griechischen niemals zum Studieren, dafür aber 21-Mal zum Meditieren ermutigt. Als ein von der linken Gehirnhälfte dominierter Mensch tat ich daher Buße fürs Studieren und nahm mir von Herzen vor, von nun an nur noch zu meditieren, wenn ich mich ans Wort Gottes setze oder irgendein anderes Thema erforsche, das Gott mir nahelegt.

Abschreiben von Bibelversen

Ein weiteres, gutes Hilfsmittel, um biblische Inhalte besser zu verstehen, ist das Abschreiben sowie das Auswendiglernen von Bibelversen. Allein schon wenn Sie einen Vers aufschreiben oder tippen, entdecken Sie Worte, die Sie normalerweise übersehen hätten.

Gott gab deshalb auch das folgende Gesetz für neue Könige, die gerade gekrönt worden waren und zum ersten Mal auf dem Thron sitzen sollten - 5. Mose 17,18:

> *„Und wenn er nun sitzen wird auf dem Thron seines Königreichs, soll er eine Abschrift dieses Gesetzes, wie es den levitischen Priestern vorliegt, in ein Buch schreiben lassen.“*

Wenn dies schon für die Könige des Volkes Israel gegolten hat, wieviel mehr sollten wir es als Könige und Priester (1. Petrus 2,9; Offenbarung 1,6) des neuen Bundes, in Jesus Christus tun. Deshalb meine Empfehlung: Machen Sie das Aufschreiben von Schriftstellen zu einem wichtigen Teil Ihres Lebens. Und wenn Sie es noch eindrucksvoller gestalten wollen, dann lernen Sie möglichst viele Bibelstellen auswendig. Das wird Ihr Leben, Ihr Denken und Handeln grundlegend verändern, glauben Sie mir!

Und jetzt wünsche ich Ihnen viel Freude beim Studium der Themen und der Meditation mit und über dem Wort Gottes, der Bibel.

Hier ein Gebet, mit dem Sie die studierende Meditation der Bibelstellen beginnen können:

Jesus, mein Herr! Ich danke dir für die Möglichkeit, über deinem Wort meditieren zu können. Bitte öffne meine geistlichen und natürlichen Sinne und beschenke mich mit deiner Offenbarung und der Erkenntnis deines Wortes und deiner selbst, während ich über deinem Wort meditiere und studiere. Vielen Dank für diesen Segen. Amen.

HWZ Ministries

<u>Unsere Vision:</u> Menschen: menschlicher!
Glauben: glaubwürdiger!
Leben: lebenswerter!
Gesellschaft: gesellschaftlicher!

Unser Angebot

Gottes Stimme hören

Welcher Christ wünscht sich das nicht? Immer dann, wenn es um Entscheidungen im Leben geht, die sehr wichtig sind, wird der Ruf laut, Gottes Stimme zu hören. Nun kann es für Sie wahr werden. Wir vermitteln Ihnen die nötigen Schlüssel, damit Sie die Stimme Gottes hören und sich mit Ihm über Ihr Leben austauschen können. Und Gott wird es Ihnen schenken (Joh. 10,27)!

Ein Leben haben, das Spuren hinterlässt

Vielleicht entsteht dieser Wunsch nicht immer in jungen Jahren. Aber wir garantieren: Er kommt. Der Wunsch danach, mit seinem Leben etwas zu hinterlassen, das man als lohnenswert bezeichnen kann. Wir coachen Sie, um Ihnen zu helfen, Menschen in der Gemeinde so zu führen, dass diese ihr Gott gegebenes Potential entfalten können.

Neuer Kurs für die Gemeinde?!

Christliche Gemeinde wird oft mit einem Schiff verglichen, das sich auf dem Meer der Gesellschaft befindet, die sie umgibt.

Wir möchten Ihnen dabei helfen, dieses Schiff nicht nur auf dem aktuellen Kurs zu halten, sondern dass es auch einen neuen Kurs aufnehmen kann, falls Sie die bisherige Reiseroute nicht mehr als zielführend empfinden.

Wenn Sie die folgenden Fragen bewegen:

➢ Wie kann ich Gottes Stimme (live) hören?
➢ Wie kann ich ein Leben führen, das Spuren hinterlässt?
➢ Wie können wir gemeinsam die Gemeinde wieder auf Kurs bringen?

dann sind Sie hier genau richtig.

Frei nach der oben angegebenen Vision von HWZ Ministries bieten wir Ihnen nachfolgende Dienstleistungen, von bester Qualität, zu den Ihnen bzw. Ihrer Gemeindearbeit entsprechenden Konditionen.

Unser Motto:
Menschen gerne Liebe geben!

Coaching
➢ Visionäre Gemeindeentwicklung/ -konzeption
➢ Gemeindeanalyse und Impulsgebung
➢ Entwicklung von geistlichem Leben in der Gemeinde
➢ Führungskräfte-Coaching (Gemeindeleitung)

Seminare
in verschiedenen Bereichen und Disziplinen, die in Christsein und Gemeinde relevant sind, wie z.B.:
Gottes Stimme -live- hören!

Vorträge
zu verschiedenen Themen
➢ der Bibel
➢ des Christseins
➢ des Gemeindealltags

Eine Liste mit Themen können Sie auf der unten angegebenen Website einsehen.

Kontakt: info@hwz-ministries.de / +49 (0)8221 276 908 0 / www.hwz-ministries.de

Weitere Bücher von Hans-Werner Zöllner:

Die Bücher (und E-Books) können Sie in jeder Buchhandlung, oder auch über Amazon.de, kaufen oder bestellen.

Plane dein Leben ... denn die Uhr tickt
(Lebensplanung mit Vision)

„... denn die Uhr tickt", das ist keine Drohung, sondern so ist das ganz normale Leben. Und weil unsere Zeit unaufhaltsam vergeht, können wir sie im Grunde nicht wirklich planen.

So ist dieses Buch auch kein Versuch, Ihnen zu helfen, Ihre Zeit zu planen, sondern Ihr Leben in der Zeit. Frei nach dem biblischen Motto des Apostels Paulus, das Sie in der Bibel, in Epheser 5,16 nachlesen können: *„Kauft die Zeit aus!"*, was so viel heißt wie: „Lebt euer Leben sinnvoll!"

Dabei spielt für mich die Lebensvision eine zentrale Rolle, von der alles andere im Leben ausgehen und an dem es sich orientieren sollte. Damit unterscheidet sich das Konzept dieses Buches von denen des klassischen Zeitmanagements.

Sie haben es also nicht mit einem weiteren Buch zum Thema „Zeitmanagement" zu tun, sondern mit einem praktischen Begleiter, der Sie in die Lage versetzen möchte, das Ticken Ihrer Lebensuhr mit Gelassenheit hinzunehmen, weil Sie wissen, dass Ihr Leben eine Vision hat, die es in Balance hält und zu einem nachhaltigen Erbe führen wird.

Paperback - 160 Seiten (mit vielen Schaubildern und Formularen)

Preise:
Buch: 9,95 Euro
E-Book: 6,49 Euro

ISBN: 978-3-7448-8232-3

Leiterschaft ist ... wenn der Leiter schaf(f)t
(Ein Führungskräfte-Coaching)

Paperback - 312 Seiten

Mit vielen Checklisten, Formularen und Schaubildern

Preise:
Buch: 19,95 Euro
E-Book: 10,99 Euro
ISBN: 978-3-7431-8195-3

Die Vision als Fixstern der Veränderung
(Veränderungsprozesse in christlichen Gemeinden)

Paperback - 316 Seiten

Mit vielen Schaubildern und Praxisbeispielen

Preise:
Buch: 14,95 Euro
E-Book: 9,99 Euro
ISBN: 978-3-7386-4466-1

Lasst uns lieben, denn Er hat uns zuerst geliebt
(Impulse aus dem ersten Johannes-Brief)

Paperback - 172 Seiten

Preise:
Buch: 9,95 Euro
E-Book: 6,49 Euro
ISBN: 978-3-7392-1534-1

Materialien von HWZ Ministries:

Diese Materialien können Sie nur über unsere Homepage beziehen: www.hwz-ministries.de/ressourcen/bücher.

Grundlagen des Glaubens
(Wissenswertes zum christlichen Glauben)

 Begeben Sie sich auf eine spannende Reise auf den Spuren christlichen Glaubens,

„... denn alle Schrift, von Gott eingegeben, ist nütze zur Lehre, zur Zurechtweisung, zur Besserung, zur Erziehung in der Gerechtigkeit, dass der Mensch Gottes vollkommen sei, zu allem guten Werk geschickt". (2. Timotheus 3,16)

Paperback - 192 Seiten

Preis: 10,00 Euro (zzgl. Versandkosten)

Heilung
(Ein biblisches Statement)

 Dieses Büchlein möchte für das Vertrauen in Gott werben, der sich uns Menschen annehmen möchte, um zu heilen.

Und es möchte dem Leser helfen, zu einer positiven Haltung zum Thema „biblische Heilung" zu finden, und Leitfaden sein, wenn es darum geht, um Heilung für sich und andere zu bitten.

Paperback - 80 Seiten

Preis: 5,00 Euro (zzgl. Versandkosten)

Über den Autor

Hans-Werner Zöllner

ist Autor, Coach, Speaker und der Gründer von HWZ
Ministries, einem Dienst, der es sich zur Aufgabe
gemacht hat, christlichen Gemeinden und deren
Führungskräften in allen Fragen rund um Entwicklung und Veränderung zur Seite zu stehen.

Chronologischer Werdegang

- ❖ geboren 1963 in Künzelsau/Hohenlohe
- ❖ Besuch der Grund- und Hauptschule und anschließende Ausbildung
  zum Sägewerker.
- ❖ Bundeswehr (Zeitsoldat - 8 Jahre - Ausbilder im Fernmeldebereich)
- ❖ Ausbildung zum Gemeinschaftspastor
  am Theologischen Seminar der Liebenzeller Mission (heute: Inter-
  nationale Hochschule Liebenzell - IHL)
- ❖ Geschäftsführender Pastor eines Gemeinschaftsbezirks im Lieben-
  zeller Gemeinschaftsverband (LGV)
- ❖ Geschäftsführer bei der CTL gemeinnützige GmbH
  CTL ist ein Bildungsunternehmen dreier theologischer Ausbildungs-
  stätten in Kooperation mit der Middlesex University in London
- ❖ Leiter Hochschulbibliothek der IHL
- ❖ Lehrbeauftragter an der IHL
- ❖ Technischer Betriebsleiter Tex&More GmbH
- ❖ Gründung HWZ Ministries

Qualifikationen

- ❖ Gemeindeberater Natürliche Gemeindeentwicklung (NCD)
- ❖ Trainer persolog Persönlichkeits-Profil
- ❖ Coach (DGfC 2009)
- ❖ Trainer persolog Lernen und Lehren
- ❖ Master of Arts in Praktischer Theologie

Heute ist Hans-Werner Zöllner seit über 33 Jahren glücklich verheiratet
mit Angelika. Sie haben drei wunderbare erwachsene Kinder, die mit
beiden Beinen fest im Leben stehen. Er wohnt zurzeit in Günzburg/
Oberschwaben.